Kai Möller

Gin zuhause selbst gemacht

stv

Kai Möller

Gin zuhause selbst gemacht

Der eigene Weg zum Trendgetränk

Leopold Stocker Verlag
Graz – Stuttgart

Umschlaggestaltung: Werbeagentur Rypka GmbH, 8143 Dobl, www.rypka.at
Titelbild: Stephan Friesinger, Graz
Alle Abbildungen im Innenteil wurden freundlicherweise vom Autor zur Verfügung gestellt.

Bibliografische Information der Deutschen Nationalbibliothek
Die Deutsche Nationalbibliothek verzeichnet diese Publikation in der Deutschen Nationalbibliografie; detaillierte bibliografische Daten sind im Internet unter https://www.dnb.de abrufbar.

Auf Wunsch senden wir Ihnen gerne kostenlos unser Verlagsverzeichnis zu:
Leopold Stocker Verlag GmbH
Hofgasse 5 / Postfach 438
A-8011 Graz
Tel.: +43 (0)316/82 16 36
Fax: +43 (0)316/83 56 12
E-Mail: stocker-verlag@stocker-verlag.com
www.stocker-verlag.com

ISBN 978-3-7020-1945-7

Layout und Repro: Werbeagentur Rypka GmbH, 8143 Dobl, www.rypka.at

INHALT

VORWORT: MACHT DAS GIN?

Dieses Buch überraschte mich, und ich wünsche mir, dass es auch Sie überraschen wird. Am besten erzähle ich gleich am Anfang, wie es dazu kam und warum ich dieses wunderbare Buch schreiben durfte. Schöne Geschichten passen zum Thema, denn ...

... in diesem Buch geht es um Gin! Eine der wichtigsten Zutaten zu einem Gin ist seine Geschichte. Wir Genießer konnten uns beim Gin schon vor langer Zeit über das einstmals schlechte Image eines billigen, nach Wacholder und Kräutern schmeckenden „fuseligen" Industriealkohols hinwegsetzen und ihn zigtausendfach veredeln. Zum Glück, denn so können wir ihn heute angemessen wertschätzen und genießen.

Beim Gin ist immer noch (fast) alles erlaubt, was uns vor allem im Hobbybereich schier unendliche Möglichkeiten bietet. Die Ginherstellung ist ein sensationell vielseitiges Hobby mit „abgefahrenen" Möglichkeiten für Experimentierfreudige und Kreative. Nur hier können wir uns lustvoll austoben, egal ob im Corona-Lockdown zu Hause oder unterwegs. Wenn wir uns auf die Ginherstellung einlassen, wird es uns so schnell nicht mehr losgeben. Zu viel ist immer und überall zu entdecken.

Wir genießen Gin heute wegen seiner unglaublichen Vielseitigkeit und erfreuen uns an versteckten neuen Aromen ebenso wie an den wundervollen Präsentationen und den dahintersteckenden Erzählungen.

Die kleinen und großen Geschichten um die einzelnen Sorten erhöhen den Genuss, egal, ob man sich allein sinnierend nur ein winziges Schlückchen gönnt oder in geselliger Runde lautstark versucht, die Story aus dem Glas zu schmecken.

So oder so, es bietet sich prima an, auch dieses Buch zum Gin mit einer Story zu beginnen. Oder, besser gesagt: mit einer Geschichte. Den Unterschied erkläre ich in einem späteren Kapitel.

WIE KAM ES ZU DIESEM BUCH?

Nichts Böses ahnend saß ich eines Nachmittags im Dachkämmerchen meines alten Fachwerkhäuschens, zurückgezogen im Corona-Homeoffice, wo ich fleißig arbeitete, als plötzlich und unerwartet das Telefon klingelte.

Das passiert sehr selten. Ich telefoniere nicht gern, und dementsprechend ist meine Telefonnummer so etwas wie ein Geheimnis und der Klingelton meistens abgeschaltet.

Es war der gute Herr Koiner vom Leopold Stocker Verlag, mit dem ich schon meine beiden früheren Bücher[1] besprochen und veröffentlicht hatte. Nach kurzem Small Talk überrumpelte er mich geradeheraus mit der Frage, ob ich nicht ein Buch über die Ginherstellung schreiben wolle.

Bumm! Da war es. Aus heiterem Himmel wurde ich mit dem Thema Gin konfrontiert. Natürlich mag ich Gin. Natürlich kann ich Gin destillieren. Natürlich kenne ich alle Methoden der Ginherstellung und habe mir oft Gedanken gemacht, wie man einen guten Gin auch trotz der teilweise strengen Gesetze legal herstellen könnte. Privat und zu Hause. Aber es kam völlig unerwartet.

Könnte ich ein Buch über die Ginherstellung schreiben? Ich trinke lieber Whisky. Ist es ehrlich, wenn ich als Whiskytrinker ein Buch über Gin schreibe?

Wenn mich meine Erinnerung nicht trügt, sagte ich erst einmal ab. Ein Buch über Gin! Krass. Wo sollte ich die Zeit hernehmen?

Ich musste eine Nacht darüber schlafen, konnte aber nicht. Die Idee hielt mich gefangen. Gin spukte durch meinen Kopf. Mazerieren, perkolieren, destillieren ...

Je intensiver ich darüber nachdachte, umso klarer wurde mir selbst, dass ich zur Ginherstellung tatsächlich eine Menge zu sagen hätte. Vor allem, weil es trotz der strengen Gesetze immer noch möglich ist, privat Gin legal zu fabrizieren, auch wenn die Methoden kaum jemand kennt. „Yes, we can!“

Zurückgezogen im Homeoffice: Schreib- und Arbeitskämmerchen im Fachwerkhaus.

Gin ist tatsächlich nahezu die einzige Spirituose, die wir in Deutschland oder in der Schweiz noch legal zu Hause herstellen dürfen, jedenfalls, wenn wir dabei destillieren möchten. In Österreich ist das Gesetz großzügiger. Da dürften wir sogar mit Alkohol destillieren und echte „Distilled Gins“ herstellen.

So viele Möglichkeiten. Meine Gedanken fanden kein Ende in dieser Nacht. Wir destillieren seit Jahren so viele Kräuter, Blüten und Wurzeln, wir sammeln und verarbeiten sie in der Küche, nutzen sie als Heilmittel, in der Naturkosmetik, in allerlei Getränken und für die Aromatherapie. Wir wissen, was wir tun.

1 Die hohe Kunst des Destillierens. Ätherische Öle, Pflanzenelixiere, Brände & mehr ..., Graz 2014, mittlerweile in der 4. Auflage; Tisch- und Kleindestillen. Essenzen, Brände und ätherische Öle selbst erzeugen, Graz 2016, mittlerweile in der 5. Auflage.

Wahrscheinlich konnte kaum jemand sonst so viele Erfahrungen mit der Herstellung von Düften, Aromen, ätherischen Ölen und Pflanzenwassern sammeln wie wir bei Destillatio. Der Umgang mit diesen Themen ist immerhin seit 25 Jahren unsere Berufung. Ein Ginseminar[2] für das Destillatio-Team hatte uns schon im Januar 2016 unheilbar mit dem Ginvirus infiziert. Unsere internen Fortbildungen bringen uns eine Menge Spaß, und wir suchen sofort nach neuen Lösungen, wenn sich die Gesetzeslage – so wie 2018 mit dem neuen deutschen Alkoholsteuergesetz – plötzlich ändert. Wir wissen auch ziemlich genau, was wir tun dürfen und was lieber nicht.

Unser erstes Ginseminar 2016 mit Destillateurmeister Stefan Bierbaum.

WAS BRAUCHT MAN FÜR EINEN GUTEN GIN?

Eigentlich ist es einfach. Zumindest in der Theorie. Gin ist ein aromatisierter, sozusagen gewürzter Alkohol. Wir brauchen nichts weiter als einen neutralen Alkohol, eine Handvoll Botanicals, vielleicht eine Idee, wie man alles lecker kombiniert, und dazu eine schöne Geschichte.

Darum geht es. Wir veredeln einen eigentlich langweiligen klaren Alkohol mit allerfeinsten und aufregenden Aromen, bis er uns schmeckt und zur Story passt.

Gin lässt sich gut zu Hause herstellen, auch ohne eine versteckte Geheim- oder Schwarzbrennerei. Wir müssen keine Gesetze überschreiten und können trotzdem feinste Gins und vor allem deren Aromen und Inhaltsstoffe selbst kreieren.

Wenn wir wollen. Es genügt, herauszufinden, welche Botanicals uns zur Verfügung stehen, wie man sie am besten verarbeitet und was zu unserer eigenen Geschichte passt. Die Herstellung der einzelnen Aromen ist relativ einfach, auch wenn es verschiedene Methoden gibt. Es sind nur so unwahrscheinlich viele, und für unsere Story dazu gibt es kein Rezept. Wir dürfen, ja müssen in beiden Fällen kreativ werden und weiter gehen als je zuvor. Wir brauchen Botanicals und eine passende Geschichte. Wenn wir keine haben, dann erfinden wir eine Story. Wir suchen die passenden Pflanzen dazu. Oder umgekehrt. Die Pflanzen ergeben die Geschichte. Oder die Story.

Auf Anhieb fallen mir mindestens zehn unterschiedliche Methoden ein, wie man einen Gin herstellen könnte. Extrem einfache ebenso wie sehr komplexe. Und man kann sie alle untereinander kombinieren.

Aufregend sind sie alle, und das Beste dabei ist: Am Ende ergibt alles einen Gin.

Als ich Herrn Koiner am nächsten Morgen zurückrief, war mir klar, dass ich tatsächlich

2 Dank an Herrn Stefan Bierbaum (der-destillateur.de) für das tolle Seminar!

ein Buch über Gin schreiben sollte und vielleicht sogar der Einzige bin, der den Spaß vermitteln und zugleich all die vielen möglichen Wege anschaulich erklären kann. Ein Buch, wie ich es mir selbst vor langer Zeit gewünscht hätte. Ein Buch, das sich liest wie ein (hoffentlich) spannender Roman, der fundiertes Wissen mit so manchem Aha-Erlebnis vermittelt, ein Buch, das uns das „innere" Wissen der Destillateur- und Brennmeister zeigt, uns als Laien teilnehmen lässt und am Ende nicht nur Spaß und Freude bringt, sondern sogar zu einem hervorragenden eigenen Gin führt. Oder mehreren. Der Anfang eines kulinarisch aufregenden Hobbys.

Kai Möller mit seinem Buch „Tisch- und Kleindestillen", erschienen im Leopold Stocker Verlag 2016.

Ein kleiner Dank gleich zu Anfang: Ich möchte mich an dieser Stelle bei meinem Lektor, Herrn Gut, und bei Herrn Koiner für die Geduld bedanken. Den ursprünglichen Abgabetermin hatte ich leider zum Ende zu deutlich überzogen. Das Thema forderte mich doch mehr als erwartet, vor allem, weil ich im praktischen Bereich, bei meinen Experimenten, noch auf unerwartete Probleme mit der blumig-irdischen Iris als Zutat stieß.

Ich danke auch für die Flexibilität und den Mut, dieses Sie als Leser stellenweise etwas herausfordernde Buch in der sonst eher sachlichen Praxisbuchreihe des Leopold Stocker Verlages zu veröffentlichen.

NOCH ETWAS, DAS SIE WISSEN SOLLTEN, BEVOR SIE DIESES BUCH KAUFEN

Ich möchte nichts schreiben, was an anderer Stelle bereits mehrfach beschrieben wurde. Das Buch „Trinkbranntweine und Liköre" von Wüstenfeld aus den 1930er-Jahren wird noch heute gern als Referenz hergenommen. Wir leben aber knappe 100 Jahre später! Das Wissen hat sich explosionsartig vervielfacht, und es ist uns heute ein Leichtes, aktuelles Fachwissen – vor allem zu den einzelnen Botanicals – im Internet zu recherchieren oder in einem guten Kräuterbuch nachzulesen. Die Experimente dazu bleiben uns aber immer noch selbst überlassen. Jeder Gin ist anders, ebenso wie seine Zutaten und Inhaltsstoffe. Selbst der beim Wein bekannte Südhang-Nordhang-Unterschied kann einer Pflanze bereits ein anderes Aromaspektrum verleihen.

Die Anzahl der möglichen Aromen für unseren Gin ist unendlich! Obwohl offiziell für einen London Dry Gin nur 120 Botanicals erlaubt sind, ist es nicht mein Ziel, sie alle in diesem Buch zu beschreiben. Es ist kein Kräuterbuch, kein Rezeptbuch und

Gewürze und Kräuter – die Zutaten für den eigenen Gin.

auch kein Buch über Marken, Sorten oder Cocktails. Es ist nicht einmal wirklich ein Fachbuch, das wäre mir zu langweilig.

Dieses Buch ist ein Freizeit-, Hobby- und Spaßbuch. Es soll Ihnen beim Lesen Freude bereiten und Wissen vermitteln. Ich würde mich freuen, wenn es mir gelänge, den „Spirit“ zu wecken, damit Sie sich später – bei einem Glas eigenen Gins – gern an das Buch erinnern, es weiterempfehlen und vielleicht sogar ein zweites Mal zur Hand nehmen und lesen.

Dies ist ein Buch über die Ginfabrikation in kleiner Menge, zu Hause und privat. Sie erfahren, wie Sie selbst zum „Destillateur“ werden und mit einfachen Mitteln Ihren eigenen Gin herstellen können.

Ich freue mich, wenn es Sie anspricht, und wünsche viel Spaß beim Lesen und Experimentieren.

Ihr Kai Möller

EINLEITUNG

Am Anfang steht der Wacholder

Da sind wir nun, ganz am Anfang. Ich verspreche Ihnen, Sie werden es nicht bereuen, wenn Sie gleich hier und jetzt mit mir gemeinsam starten. Das Buch ist mehr praktisch als theoretisch aufgebaut. Es soll Ihnen zeigen, wie Sie Ihren eigenen Gin herstellen können. Von klein auf und von Anfang an. Die Ginfabrikation zu Hause von A bis Z.

Ich empfehle Ihnen, schon in der Einleitung aufzupassen. Aller Anfang ist wichtig, um die Dinge, die folgen, richtig verstehen zu können. Erst, wenn wir unsere eigenen Gins abfüllen, dann dürfen wir uns gehen lassen. Davor wird es noch lustig. Wir müssen reichlich verkosten, um feststellen zu können, ob unsere Mischungen appetitlich schmecken oder wir lieber noch etwas üben.

Ich bitte Sie, dieses Buch Zeile für Zeile zu lesen und mitzumachen. Es wird Ihnen (hoffentlich) eine Menge Spaß bereiten. Ich wünsche mir, dass Sie beim Lesen meines Buches nicht nur gut unterhalten werden und gelegentlich etwas schmunzeln müssen, sondern dass Sie dabei auch noch alles an Wissen einsammeln, um am Ende wirklich guten Gin herstellen zu können.

DAS FACHWISSEN IST ZWISCHEN DEN ZEILEN VERSTECKT!

Um Ihnen gleich hier und jetzt ein Beispiel zu geben, warum Sie das Buch genau und Zeile für Zeile lesen sollten, möchte ich Ihnen ein Experiment vorschlagen.

Bitte gehen Sie in Ihre Küche und holen Sie sich ein paar Wacholderbeeren. Wacholder ist die wichtigste Zutat in jedem Gin. Ein Gin muss Wacholder enthalten und soll wahrnehmbar nach Wacholder schmecken. Bitte legen Sie sich, bevor Sie weiterlesen, ein paar Wacholderbeeren bereit, am besten selbst gesammelt oder in Bio-Qualität gekauft. Wir werden in diesem Buch Wacholder fühlen, riechen, drücken, schneiden, schreddern, pürieren, ansetzen, vergären, destillieren und schmecken.

Falls Sie keinen Wacholder in Ihrer Küche haben, sollte das Buch zunächst hier enden. Bitte überspringen Sie die nächsten Absätze und gehen Sie erst einkaufen. Eine Liste mit allerlei weiteren Dingen, die Sie vielleicht noch benötigen, finden Sie im nächsten Kapitel „Arbeitsmaterialien“. Wacholder ist die wichtigste Zutat!

Ein Experiment mit Lerneffekt

Neben mir liegen zehn Wacholderbeeren. Zehn durchschnittliche getrocknete Wacholderbeeren entsprechen etwa einem Gramm Gewicht. Ein Liter davon wiegt ca. 375 Gramm. Wacholderbeeren sind relativ leicht.

Bitte, suchen Sie sich eine schöne Beere aus und spüren Sie mit Ihren Fingern, wie sie sich anfühlt. Ist sie gleichmäßig geformt, mit einer feinen bläulichen „Staubschicht" überzogen? Vielleicht leicht klebrig? Wie riecht die Beere? Können Sie die Beere mit den Fingern zerdrücken? Mit dem Fingernagel zerteilen, öffnen?

Machen Sie es wie ich, nehmen Sie eine in den Mund und schmecken Sie. Zerkauen Sie die Beere in feinste, kleinste Stückchen. Zermalmen Sie die Beere zwischen Ihren Zähnen.

Wie ist der erste Eindruck? Schmecken Ihre Beeren süßlich? Harzig? Bitter?

Mögen Sie den Geschmack? Es sind eigentlich keine Beeren, die Sie da eben zerkauen. Es sind Zapfen. Wacholder ist ein stacheliges, widerspenstiges Nadelgewächs und im Aroma schwer mit normalen Beeren zu vergleichen. Mögen Sie das Aroma der Wacholderzapfen? Es gibt 70 verschiedene Arten! So eine winzige Wacholderbeere braucht zwei Jahre, bis sie voll ausgereift ist und geerntet werden kann. Ein Wunder der Natur!

Bei Wikipedia recherchieren!

Ich empfehle Ihnen, während Sie die nächste Beere zerkauen, das Buch zur Seite zu legen und bei Wikipedia das Wort „Wacholder" zu recherchieren. Lassen Sie sich Zeit, während Sie schmecken und lesen, was Wikipedia über Wacholder schreibt.

Wacholder können Sie selbst sammeln oder in guter Qualität kaufen.

Wacholder wächst überall. Vielleicht möchten Sie ihn selbst sammeln? Die am besten geeignete Sorte ist der „Gemeine Heidewacholder".

Wie sagte schon einst der Dalai-Lama: „Learn and obey the rules very well, so you will know how to break them properly." Auf Deutsch übersetzt: „Lernen und befolgen Sie die Regeln gut, damit Sie sie später richtig brechen können."

Auf dieses Buch bezogen: Lesen und verstehen Sie die Ratschläge, dann können Sie später hervorragend improvisieren und Zutaten austauschen und ersetzen.

Spannend ist für uns vor allem Punkt 7 bei Wikipedia, die Nutzung von Wacholder. In der Küche, zum Räuchern, als Öl und in Getränken und Heilmitteln. Hier leitet Wikipedia weiter zur Unterart „Gemeiner Wacholder".

So große Mengen Wacholder sind eigentlich nicht nötig. Im Schnitt genügen für einen destillierten Gin schon zehn der Zapfen auf eine Flasche für ein feines Wacholderaroma. Bei einem angesetzten Gin darf es auch etwas mehr sein.

Ich hatte Ihnen eingangs gleich ein Beispiel versprochen, warum Sie Zeile für Zeile lesen und mitmachen sollten. Erinnern Sie sich? Haben Sie alles gelesen? Ja? Das ist gut. Vielen Dank für Ihre Aufmerksamkeit.

Schmecken Sie immer noch den harzig-süßen Geschmack Ihrer zerkauten Wacholderbeere im Rachen?

Wacholder enthält bis zu 30 % Zucker und teilweise mehr als 2 % an ätherischem Öl, das schmeckt man hinten auf der Zunge nach.

Vielen Dank dafür, dass Sie mit mir gemeinsam durch die Experimente in diesem Buch gehen. Das ist wichtig, um später guten Gin machen zu können und zu verstehen, was einen guten Gin auszeichnet und welche Aromen man erwarten kann. Oder soll. Als Ginhersteller sollten wir die Aromen schmecken können.

Aber Achtung: Jetzt kommt es: Haben Sie sich wirklich den Wikipediaartikel angesehen, wie ich es empfohlen hatte? Hier wird es nämlich extrem spannend.

Wacholder ist giftig!

Haben Sie es gelesen? Wie fühlen Sie sich nach dem Zerkauen von einem giftigen Spurk, Kranewitt, Grammel, Krammet oder Machangel? **Fakt: Wacholder ist giftig!**

Wikipedia-Fakten

Ich spende gelegentlich kleinere Summen an Wikipedia. Sicher darf ich den Absatz 4.1, auf den es hier ankommt, in mein Buch übernehmen (Stand: Juni 2020).

Giftwirkung des Wacholder

Beeren und Nadeln des Wacholder enthalten leicht giftige ätherische Öle, die bei Hautkontakt und Verzehr zu Reizerscheinungen führen können.

Im Gegensatz zu den anderen Wacholdergewächsen ist beim *Juniperus communis* nur die Beere (*Fructus Juniperi*) giftig. Reif ist sie im zweiten Jahr. Die Hauptwirkstoffe sind 0,2–2,9 % ätherische Öle aus Alpha-Pinen, Terpineol, Sabinen, Myrcen, Flavonoiden und anderen. Eine Überdosierung führt zu Nierenschmerzen, Nierenversagen, Hautreizungen und Leberschädigung. Ferner wird die Herztätigkeit und Atmung gesteigert; seltener können Krämpfe auftreten. Äußerlich kommt es zur Rötung der Haut bis zur Blasenbildung. Die maximale Dosierung liegt bei erwachsenen Menschen bei 2 g.

BITTE HABEN SIE KEINE ANGST

Es ist, wie Paracelsus schon sagte: „Die Menge macht das Gift!“ Da in diesem Buch überwiegend mit dem viel schädlicheren Nervengift Alkohol gearbeitet wird, sollten wir uns diese wichtige Weisheit ohnehin zu Herzen nehmen. Zwischen erhabenem Genuss und schädlichem Gift liegen oftmals nur wenige Gläser.

Ich darf an dieser Stelle verraten, dass wir bei der Ginherstellung zwar aus Hunderten von verschiedenen Zutaten und Zubereitungsvarianten auswählen und diese unendlich untereinander kombinieren können, aber in den meisten Fällen nur sehr wenige der einzelnen Botanicals benötigen. Um das für den Gin gewünschte feine Wacholderaroma ins Glas zu zaubern, reichen uns wenige Wacholderzapfen. Für eine normal angesetzte 0,7-Liter-Flasche Gin genügen etwa 10 Gramm Wacholderbeeren, bei einem destillierten Gin manchmal schon zehn einzelne Beeren.

Wacholder kann mit Wasser ebenso wie mit Alkohol destilliert werden und gibt seine ätherischen Öle und andere aromagebende Stoffe auch durch einfaches Mazerieren, also das Einlegen in Alkohol, ab. Wir entdecken hier schon drei oder sogar vier verschiedene Methoden, um die erhabenen Aromen des Wacholders in unseren Gin zu verfrachten, aber dazu später mehr.

Beim Verzehr einzelner Wacholderbeeren haben Sie wirklich nichts zu befürchten. Trotz des Wissens um die mögliche Giftigkeit der Inhaltsstoffe unserer Hauptzutat dürfen Sie Wacholder weiterhin unbefangen zum Kochen, Räuchern und zur Herstellung von Gin benutzen. Ich wollte an diesem Beispiel nur aufzeigen, wie wichtig es sein kann, vorhandene Informationen wirklich zu lesen und die Experimente nach Möglichkeit nachzustellen oder wenigstens aufmerksam mitzulesen. Vor allem natürlich, wenn Sie später einen wirklich guten eigenen Gin herstellen möchten.

Ein gefährliches Buch!

Dieses Buch ist ein gefährliches Buch! Es wird Sie fordern, in Versuchung führen und Ihnen wichtige Entscheidungen abverlangen. Ich kann als Autor nur aufzeigen, wie Sie einen guten eigenen Gin herstellen können, aber nicht Ihre persönlichen Grenzen oder Ihren Geschmack ausloten und bestimmen.

Bevor Sie sich nun endgültig auf die Ginherstellung einlassen, möchte ich Sie eindringlich warnen. Es gibt viele verschiedene Methoden, um Gin herzustellen. Theoretisch ist alles erlaubt! Selbst, was möglicherweise in der gewerblichen Brennerei von Gesetzes wegen nicht erlaubt ist, kann uns im privaten Bereich letztendlich egal sein. Es ist unser Hobby! Auch wenn wir offiziell vielleicht keinen Alkohol brennen dürfen, so können wir bei den Zutaten wesentlich weiter gehen und „tricksen", als das in einer „richtigen" Brennerei erlaubt wäre. Wir können „fabrizieren" und zusammenbrauen, wie wir wollen, was uns gefällt und was uns angenehm erscheint. Es soll uns schmecken!

Es ist nicht immer einfach, aber ich werde alle möglichen und unmöglichen Verfahrensweisen erklären. Sie können nur durch eine Kombination der einzelnen Verfahren und Varianten ans Ziel kommen, wenn Sie sie kennen und verstehen. Auch berühmte Hersteller nutzen teilweise verschiedene Verfahren der Aromatisierung!

Genau darum geht es: Gin ist ein aromatisierter Alkohol!

Die eigentliche Kunst liegt in der perfekten Mischung aller vorhandenen Aromen und Zutaten, um ein einzigartiges und zugleich harmonisches Getränk zu schaffen. Ich habe es anfangs schon mal gesagt: Stel-

Verschiedene Sorten bieten verschiedene Aromen. Typischerweise wird für unsere Getränke und in der Küche der „Gemeine Wacholder" verwendet.

Gefährlich und gut liegen oft nah beisammen und lassen sich schön in die Geschichte zu unserem Gin einflechten.

len Sie sich darauf ein, einiges verkosten zu dürfen, bevor Sie Ihren Gästen voller Stolz den perfekten eigenen Hausgin präsentieren können.

Noch mehr Gefahr!

Nicht nur das Buch ist gefährlich! Manche der vorgestellten Methoden sind ebenfalls gefährlich. Wir arbeiten in der Ginherstellung mit giftigen Substanzen, mit hoch konzentrierten ätherischen Ölen, mit reizenden Pflanzen, mit möglicherweise unbekannten Geschmacksträgern, mit kochend heißem und eiskalt gefrorenem Wasser, mit höchst brennbarem und explosivem sehr hochprozentigen Alkohol, mit zerbrechlichem Glas und diversen Hacken und Messern zum Zerkleinern der Botanicals, und zu guter Letzt vielleicht sogar gelegentlich am Rande der Legalität, in einer „verdächtigen" Grauzone zwischen den Gesetzen. Wir destillieren mit Druck, Dampf und Feuer, und wir werden das Nervengift Alkohol voraussichtlich alsbald auch auf unserer Zunge und in unserem Körper spüren. Machen Sie sich bereit!

ARBEITSMATERIALIEN

Ohne das passende Werkzeug werden Sie nicht sehr weit kommen! Sie meinen es vermutlich ernst mit der Ginherstellung, sonst hätten Sie dieses Buch nicht gekauft. Jetzt müssen Sie entscheiden, wie weit Sie gehen möchten. Gin lässt sich in einer Einwegplastikflasche ansetzen und durch einen Kaffeefilter filtrieren, aber wie sagte schon Johann Wolfgang von Goethe so treffend: „Ein Mann, der recht zu wirken denkt, muss auf das beste Werkzeug halten."

Es empfiehlt sich spätestens dann, wenn man sicher ist, ein neues Hobby gefunden zu haben, sich mit den besten Arbeitsmaterialien einzudecken. Sie werden vermutlich einiges benötigen, bis Sie einen wirklich guten Gin präsentieren können. Da es sehr verschiedene Herstellungsmethoden gibt, ist es an dieser Stelle extrem schwierig, Ihnen das perfekte Zubehör zu empfehlen. Je nachdem, welche Methode Sie letztendlich bevorzugen, kann die benötigte Ausstattung sehr unterschiedlich ausfallen. Am besten lesen Sie zunächst das Buch komplett durch, um sich mit den einzelnen Methoden vertraut zu machen. Möglicherweise sind Sie schon mit einem Compound Gin oder einem einfachen Angesetzten glücklich und können auf eine eigene Destille und auf beheizbare Mazerationsgefäße und Perkolatoren verzichten.

WAS BRAUCHEN WIR WIRKLICH?

Am besten beginne ich diesen Abschnitt am Ende. Beim fertigen Gin.

Stellen Sie sich bitte bildlich Ihren eigenen Gin vor. Was sehen Sie? Vermutlich eine schöne Flasche oder ein befülltes Glas. So soll es am Ende sein. Wir beginnen bei den Glaswaren.

Glaswaren

Ein guter Gin spricht alle Sinne an. Er erzählt seine eigene Geschichte und erlaubt es, diese beim Genießen nachzuvollziehen. Sie sehen die Farbe, die Form, den Verschluss und das Etikett der Flasche schon, bevor Sie die Flasche fühlen oder den Inhalt riechen.

Für manche Marken werden aufwendige und hervorstechende Flaschen eigens hergestellt. So manchen Gin wiegt man beim Händler vorsichtig wie ein Baby in den Armen, betrachtet und ertastet die Flasche liebevoll und versucht dabei, herauszufinden, ob es sich lohnt, diese mit nach Hause zu nehmen. Wird der Inhalt zum Äußeren passen? Spricht uns die Aufmachung an? Ist der Gin am Ende seinen Preis wert? Oder zahlen wir nur für die Flasche?

Hoch bezahlte Designer werden damit beschäftigt, die Geschichte der Brennerei für den ersten Eindruck, das Sehen und das Fühlen, ansprechend und zur Geschichte des Gins passend zu gestalten. Da können wir zu Hause leider nicht mithalten. Was wir dagegen tun können, ist, nach gefälligen und attraktiven Flaschen Ausschau zu halten. Wir können ansprechende Flaschen anderer Hersteller sammeln, Pfandflaschen aus einem Getränkemarkt behalten, auf Flohmärkten nach stilvollen Gebrauchten suchen und jederzeit im normalen Handel ansehnliche Flaschen dazukaufen.

Mein Tipp: Achten Sie in einem Getränkemarkt auf die Wasserflaschen. Sicher können Sie auf Anhieb kristallklare schöne Flaschen mit leicht ablösbaren Etiketten entdecken.

Ohne Flaschen wird das nichts!

Flaschen gehören unbedingt dazu. Mehr als Sie denken. Sie brauchen bei der Ginherstellung im privaten Bereich wirklich viele Flaschen. Es geht nicht nur um die schönen Schmuckflaschen, in denen Sie später Ihren eigenen Gin servieren, Sie benötigen auch allerlei Flaschen für Experimente und Geschmacksmuster, ebenso wie Flaschen zum

Schöne Flaschen gehören dazu. Sammeln oder kaufen, das ist die Frage!

Ansetzen der Botanicals oder zum Mischen und Herabsetzen von Alkohol. Sie brauchen kleine Flaschen, und Sie brauchen große Flaschen. Sie brauchen Flaschen mit weiter Öffnung zum Ansetzen, damit Sie Ihre Kräuter später auch wieder herausbekommen, Sie brauchen Flaschen mit möglichst schmalem Hals, damit Sie die ätherischen Öle nach der Destillation besser vom Destillat abtrennen können, und Sie brauchen winzig kleine Flaschen mit der Möglichkeit, Ihre Aromen zu sammeln und tropfenweise zu portionieren.

Je nach der Menge, die Sie ansetzen möchten, können auch Einmachgläser, Glasballone, Steingutgefäße und Edelstahltanks eingesetzt werden. Am besten fangen Sie gleich an, zu sammeln.

Oft unterschätzt: Etiketten

Ein Problem kann es sein, später die einzelnen Inhalte Ihrer Sammlung unterscheiden zu können. Ich weiß das aus eigener Erfahrung. Oft fehlt mir die „Geduld“, um eine Flasche sofort zu beschriften. Kurze Zeit später steht sie bei den anderen im Schrank. Es ist manchmal schon nach wenigen Tagen

Immer griffbereit: Etiketten und „Tagebuch".

nicht mehr möglich, herauszufinden, was genau in der Flasche war. Leider habe ich das gleiche Problem auch bei meinen selbst gemachten Marmeladen, die ich in meinem Vorratsschrank nach einigen Monaten nicht mehr unterscheiden kann. Diese Nachlässigkeit ist ein Fehler, vor allem, wenn Sie tatsächlich einen extrem leckeren Gin kreieren und ihn später nicht reproduzieren oder identifizieren können. Ich bin, was Notizen, Etiketten und Beschriftungen angeht, ein schlechtes Beispiel. Das ist ärgerlich.

Ihr Gintagebuch oder Destillierbuch

Es ist wirklich sinnvoll, die Flaschen nicht nur zu etikettieren und zu beschriften, sondern ein Notizbuch dazu anzulegen, in dem Sie Mengenverhältnisse und Rezepturen aufschreiben. Glauben Sie mir, es macht einen großen Unterschied, ob Sie fünf oder zehn Gramm Wacholder fünf, zehn oder 30 Tage lang in 20-, 40- oder 70%igen Alkohol oder in Wasser einlegen, und ob sie ihn mit Wasser oder Alkohol destillieren.

Ich will Sie nicht erschrecken, das klingt alles viel komplizierter, als es tatsächlich ist, aber Sie brauchen sicher eine stattliche Menge an Flaschen, und solange Sie kein fotografisches Gedächtnis haben, bleibt es empfehlenswert, alle Flaschen zu etikettieren und in ein Buch einzutragen, was Sie da an Inhalten eingefüllt haben.

Ich arbeite bei Aromen und ätherischen Ölen gern mit Reagenzgläschen auf einem Holzständer, weil ich da fast wie an einer Duftorgel kreativ schnuppern, mischen und verkosten kann und zugleich alles schön übersichtlich vor mir stehen habe. Vor allem bei selbst hergestellten ätherischen Ölen in größeren Mengen sind Reagenzgläser ideal, wobei handelsübliche Braun-, Lila- oder Blauglasfläschchen wesentlich besser für die Lagerung und die Qualität der ätherischen Öle sind. Die dunkle Farbe schützt vor Sonneneinstrahlung, Blau und Lila sollen besser schützen und sehen auch noch toll aus. Das Beste ist aber der Tropfverschluss, der ein exaktes Feindosieren in kleinen Tropfen erlaubt.

Es genügt bei Eigenfüllungen, die kleinen Gläschen zu nummerieren und den Inhalt im Buch zu notieren. Natürlich können Sie auch alles digital erfassen oder etikettieren. Ich selbst habe gute Erfahrungen mit Tafelfolie gemacht, weil man die sehr haltbar mit Kreidestiften beschriften und später abwaschen und wiederverwenden kann. Wenn ich etwas wirklich lange Zeit aufheben oder danach mit gleichem Inhalt wieder befüllen möchte, dann beschrifte ich mit einem speziellen Beschriftungsband und nutze den passenden Handdrucker dazu. Dann kann meine Frau auch lesen, was in der Flasche ist – meine Handschrift ist schwer zu entziffern.

Gekaufte ätherische Öle, Aromen und Hydrolate sind ohnehin meist bestens etikettiert und mit Haltbarkeitsdaten versehen.

Eine stolze Sammlung an Selbstgemachtem, vom Alkohol bis hin zur Zwetschgenmarmelade.

Das eigene Label

Wichtiger, ja geradezu spannend wird die Etikettierung am erfolgreichen Ende unserer Arbeit. Ein gelungener selbst gemachter Gin darf natürlich mit Ihrem eigenen Etikett glänzen. Sollte er auch, denn dann wirkt er wertvoller und wird Ihren Freunden und Angehörigen besser schmecken.

Vielleicht haben Sie Glück und sind im Gegensatz zu mir mit einer schönen Handschrift gesegnet? Dann können Sie mit allerlei Stiften direkt auf die Flasche schreiben oder ein gekauftes Etikett beschriften. Möglicherweise können Sie auch etwas Ansprechendes am Computer entwerfen und ausdrucken.

Eine gute Lösung ist es, ein hübsches Schildchen mit einer Schnur am Flaschenhals festzubinden. Dieser letzte Feinschliff, das Etikett zu Ihrem eigenen Gin, sollte Sie mit Stolz erfüllen.

Gläser sind nicht nur nützlich, sondern oft auch dekorativ. Bei mir stehen sie überall im Haus verteilt, auch auf dem Fensterbrett.

Vielleicht ist es bei Ihnen wie bei mir, man erachtet den eigenen Gin als etwas Kostbares. Wir wissen, wie viel Mühe und Liebe in der Flasche stecken, welche Botanicals wir verwendet haben und wie teuer der zugekaufte reine Alkohol war. Fast ist es schöner, sich an die Abenteuer bei der Herstellung zu erinnern, als die Flasche zu leeren.

Gläser zum Gin

Nicht vergessen, das Auge trinkt mit! Das ist beim Gin fast wichtiger als bei anderen Getränken oder beim Essen. Gin lebt durch die sinnliche Erfahrung seiner Story. Aus diesem Grund empfehle ich Ihnen, sich einige wirklich schöne Gläser anzuschaffen. Was Ihnen gefällt. Gebrauchte vom Flohmarkt oder aus dem Sozialkaufhaus, etwas Historisches mit Goldrand, ein 1960er-Design, ein modernes Glas oder ein Souvenir aus dem Urlaub. Auch ein Glas kann (s)eine Geschichte erzählen. Ihr Gin schmeckt aus einem stilvollen, zugleich mit einer (Kauf-) Erinnerung verknüpften Glas garantiert besser als aus dem Stamperl Marke „Hopp und weg". Was wir tun, soll Freude bringen. Saufen tun die anderen.

Eine wunderschöne Sammlung stilvoller Gläser im schwäbischen Schnapsmuseum Bönnigheim.

Wenn Sie Gin Tonic bevorzugen, dann eignen sich hohe Longdrinkgläser am besten. Gin auf Eis kann man gut aus Tumblern, aber auch aus Weißweingläsern genießen, und wenn Sie gern Cocktails trinken, dann halten Gläser mit Stiel die Temperatur länger niedrig. Es bringt Freude, unsere Lieblingsgetränke aus verschiedenen Gläsern zu verkosten. Die Abwechslung hält uns jung, regt die Fantasie an und vermittelt ein tolles Urlaubsgefühl. Jeder Tag ist etwas Besonderes, genau wie der Gin, den wir dann genießen.

Flaschen, Gläser und Etiketten waren die Zutaten fürs Auge. Jetzt können wir uns den weiteren Werkzeugen und Zutaten widmen.

MESSINSTRUMENTE

Ich empfehle Ihnen, sich gute Messgeräte anzuschaffen! Stellen Sie sich vor, Sie haben einen wirklich außergewöhnlichen, perfekten Gin entwickelt, könnten ihn theoretisch toll vermarkten und vielleicht damit sogar weltberühmt und traumhaft reich werden, sind aber nicht in der Lage, das Rezept zu reproduzieren, weil Sie die Mengenangaben nicht kennen oder die Zubereitungsschritte und Inhaltsstoffe vergessen haben. Was nützt ein Notizbuch, wenn Sie nichts notieren? Was nützen Notizen, wenn sie keine Mengenangaben und Zubereitungsmethoden enthalten?

Zum richtigen Bemessen Ihrer Ingredienzen wären die folgenden Gerätschaften sinnvoll:

- Küchenwaage für Kräuter und Pflanzen,
- Feinwaage, um Kleinstmengen wiegen zu können,
- Alkoholmeter 30–60 Vol.-% mit Thermometer zum Einstellen auf Trinkstärke,
- Alkoholmeter 0–100 Vol.-% mit Thermometer für Höherprozentiges,
- Alkoholmeter 0–100 Vol.-% ohne Thermometer zum Destillieren von Alkohol,
- Messzylinder 250 ml aus Glas zum Messen der Alkoholstärke,
- Messzylinder 100 ml aus Glas zum Mischen und Experimentieren,
- Pipette 1 ml zum Entnehmen kleinster Mengen der Aromen,
- Pipette 10 ml zum Mischen kleiner Mengen,
- Sicherheitspipette 10 ml für bequemeres Arbeiten und sauberes Abtrennen der ätherischen Öle (meine Empfehlung),
- langes Glasthermometer zum Verkosten bei unterschiedlichen Temperaturen.

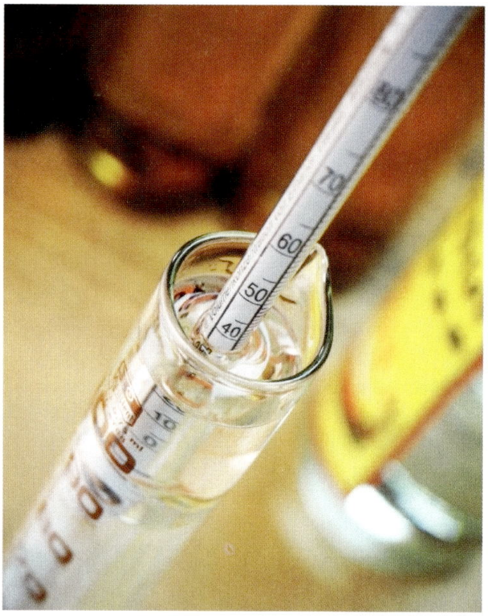

Ein Alkoholmeter muss frei im Alkohol schwimmen können, um die Prozente richtig anzeigen zu können.

Die genannten Messinstrumente sind im Wesentlichen bei nahezu allen Methoden der Ginherstellung sinnvoll und können auch im Alltag Spaß bereiten oder nützlich sein. Eine kleine Waage sowieso; mit einem Alkoholmeter können Sie auch prüfen, ob die Prozentangaben in einer gekauften Spirituose der Aufschrift entsprechen oder wie viel Prozent Ihr verwässerter Whisky noch hat, wenn Sie ihn trinken.

Die Messzylinder nehme ich bei mir zu Hause auch gern zum Abmessen der Zutaten für Cocktails. Mein Lieblingsgetränk, der Negroni, braucht 30 ml Gin, 30 ml Wermut und 30 ml Campari oder Aperol. Mit dem Messzylinder ist das schnell gemischt.

DESTILLEN, MAZERATIONSBEHÄLTER UND PERKOLATOREN

Zu den zuvor beschriebenen Glaswaren und Messgeräten kommen nun also die „teureren“ Gerätschaften, zum Beispiel eine Destille oder ein Perkolator. Hier sollten Sie vielleicht vorher überlegen, ob Sie den Schritt zu einem authentischen Distilled Gin gehen oder eigene Aromen aus den Botanicals extrahieren möchten. Wahrscheinlich möchten Sie sich bald eine gute Destille anschaffen, werden den Perkolator oder ein spezielles Mazerationsgefäß aber eher nicht brauchen. Die Funktion einer Destille lässt sich durch nichts ersetzen.

Je eine Destille für Alkohol, ätherische Öle und Wasser?

Wenn Sie Alkohol destillieren, brauchen Sie eine sichere Destille. Wir arbeiten in der Ginherstellung mit extrem hochprozentigem Alkohol und müssen uns entsprechend umsichtig verhalten. Eine Destille zur Herstellung der Aromen sollte dagegen mit einem großen Dampfraum und einer optimalen Kühlung ausgerüstet sein. Darüber hinaus brauchen wir reichlich destilliertes Wasser. Was wir ansetzen oder brennen, ist zumeist sehr hochprozentig und muss mit Wasser auf die sogenannte Trinkstärke zurückgemischt werden. Normales Leitungs- oder Quellwasser würde unseren Gin wegen der enthaltenen Mineralien und ätherischen Öle wahrscheinlich milchig trüben. Verwenden wir destilliertes Wasser, bleibt unser Gin glasklar.

Ich persönlich möchte meinen Gin nur ungern mit destilliertem Wasser aus dem Plastikkanister von der Tankstelle mischen. So viel Respekt vor Weichmachern oder Kunststoffaromen habe ich. Deswegen steht in meiner Küche eine günstige Wasserdestille aus Stahl und Glas. Als Küchenmaschine destilliert sie ohne mein Zutun höchst komfortabel über Nacht vier Liter Wasser für meine Experimente.

Sie können sich die Anschaffung sparen, denn Wasser lässt sich mit jeder Destille destillieren. Es könnte sich nur das Aroma leicht verändern, falls noch Anhaftungen der vorherigen Destillation in den Windungen der Destille hängen. Der Duft kräftiger, zuvor destillierter ätherischer Öle lässt sich in einer normalen Destille nicht immer zu 100 % entfernen. Da ich relativ große Mengen an reinem destillierten Wasser benötige, war es mir die Anschaffung wert.

Bitte beachten Sie die Abschnitte mit den rechtlichen Hinweisen und Empfehlungen zum Kauf einer Destille!

Mazerationsgefäße ersetzen

Ein spezielles Mazerationsgefäß aus Steingut oder Kupfer sieht schön aus, lässt sich aber glücklicherweise recht einfach ersetzen. Letztendlich ist es nur ein Behälter mit einem Ablaufhahn, in dem wir Kräuter und Alkohol oder Kräuter und Wasser ansetzen und wieder entnehmen können. Ein gutes Mazerationsgefäß hat unten ein Sieb aufgelegt oder an Ketten oben eingehängt, damit die Kräuter den Ablaufhahn nicht verstopfen. Das ist alles.

Je nachdem, welche Mengen Sie ansetzen, können Sie gut mit großen Einmachgläsern oder handelsüblichen (Weithals-) Glasballonen und -behältern arbeiten. Kleinere Gefäße benötigen nicht einmal einen Ablaufhahn, denn Sie können sie nach der Ansatzzeit hochheben und bequem durch ein Sieb umfüllen. Erst bei größeren Mengen wird es schwierig, wenn der befüllte Behälter zu schwer zum Hochheben wird.

Sehr gut funktionieren die Weithalsglasballone, die wir in Größen bis hin zu 50 Litern kennen. Es ist wichtig, dass Sie Ihre Botanicals ohne allzu großen Aufwand hinein- und später auch wieder herausbekommen. Bei einem normalen Glasballon würden Sie wegen des schmalen Flaschenhalses Probleme beim Befüllen und dem Reinigen bekommen.

Ein Vorteil bei Glasbehältern ist, dass Sie Ihren Ansatz sehen können. Trotzdem ist eine dunkle Lagerung oftmals empfehlenswert, was sich im Keller, in einem Schrank oder Karton, abgedeckt mit einer Decke oder umhüllt mit Papier leicht bewerkstelligen lässt. In historischen Rezepten wird oftmals auch am Fenster mit der Sonne mazeriert. Die Alchemie kennt Rezepte, bei

Glas lässt sich gut kontrollieren, reinigen und befüllen.

denen wochenlang tagsüber in der Sonne aufgewärmt und nachts wieder abgekühlt wird. Hier werden die natürlichen Kreisläufe des Lebens und der Natur integriert, was bei einem Gin auch zu wunderbaren Storys führen kann.

Wenn Sie Ihren Ansatz aufwärmen, dann können Sie die Aromen schneller aus den Pflanzen ziehen. Dieser Vorgang nennt sich Digerieren. Für unsere Zwecke genügt es, wenn wir warm oder heiß ansetzen. Kleinere Gefäße kann man im Wasserbad oder in einem Einkochtopf mit Thermostat bei Temperatur halten. Normalerweise ist es im Hobbybereich unnötig, sich spezielle Gerätschaften anzuschaffen. Was und wie Sie am besten mazerieren und digerieren, erkläre ich im zweiten Kapitel.

Perkolator

Ein Perkolator ist schon etwas schwieriger zu ersetzen, aber im Wesentlichen eher unnötig. Sehr wahrscheinlich haben Sie sogar schon einen in der Küche: Eine normale Filterkaffeemaschine perkoliert mit heißem Wasser und zieht dem Kaffee die Aromen und das Koffein aus.

Zur Extraktion von Aromen verwendet man zumeist relativ hohe, säulenartige, unten spitz zulaufende Kupfer- oder Glasgefäße. Diese werden mit den Botanicals befüllt und von oben mit Alkohol oder Wasser betropft. Wie beim Kaffee soll zuerst alles angefeuchtet sein, bevor es unten wieder rauslaufen kann. Die Kunst ist es, oben etwa so schnell nachlaufen zu lassen, wie man unten Flüssigkeit entnimmt.

An diesem Bild kann man schön sehen, wie der Alkohol gemächlich durch die Botanicals sickert und ihre Aromen extrahiert.

Für stärkere Extrakte kann man den Inhalt auch eine Weile ziehen lassen, bevor man mit dem Abtropfen beginnt.

Letztendlich können nur Sie entscheiden, was Sie versuchen möchten und was Sie dazu benötigen. Nachstehend habe ich Ihnen eine komplette Liste mit allem zusammengefasst, was Sie vielleicht gern hätten. Streichen Sie einfach, was Ihnen überflüssig erscheint. Die wichtigen Sachen – oder, besser gesagt: was ich Ihnen wirklich empfehle – habe ich hervorgehoben.

Liste mit allem, was Sie benötigen könnten:

- Schmuckflaschen für Ihren fertigen Gin
- Flaschen für Experimente
- Flaschen mit schlankem Hals (100 ml bis 350 ml) zum Destillieren
- Braun- oder Blauglasflaschen für Ihre ätherischen Öle
- Reagenzgläser mit Ständer zum Komponieren („Duftorgel“)
- Schraubgläser für Ihre Botanicals
- Einmachgläser mit weitem Hals für Ansätze
- Korken (und Handverkorker), sonstige Deckel und Verschlüsse

- Notizbuch
- Klebeetiketten
- Bindeetiketten
- Stifte und Farben

- Botanicals! Wacholder, Koriander, Angelika, Iriswurzel, Süßholz, getrocknete Zitronen- und Orangenschale und nach Belieben noch viel mehr ...
- ätherische Öle (bio): Wacholder, Koriander, Angelika, Zitrusöle ...

- Feinwaage, um Botanicals exakt abwiegen zu können
- Alkoholmeter 0–100 Vol.-% zum schnellen Abschätzen der Alkoholstärke
- Alkoholmeter 30–60 Vol.-% mit Thermometer zum Einstellen auf Trinkstärke
- Messzylinder 250 ml aus Glas zum Messen der Alkoholstärke
- Messzylinder 100 ml aus Glas zum Mischen und Experimentieren
- Ölabscheiderzum Trennen der ätherischen Öle vom Hydrolat

- Zwei-Liter-Destille zur Dampfdestillation
- gute Kühlung! (Kühlwasserpumpe, Kühlwasserbecken, Schläuche, Hahn)
- Mazerationsbehälter für Kräuterauszüge – am besten mit der Möglichkeit, diesen zu erhitzen, damit man auch warme Auszüge herstellen kann (Digestion)
- Perkolator zum tropfenweisen Extrahieren von Aromen
- Wasserdestille

- Filterpapier (Faltenfilter) zum Feinfiltern
- Aktivkohle zum Harmonisieren von Fehlaromen
- kalkfreies oder destilliertes Wasser zum Einstellen der Prozente
- Alkohol! (am besten einen 96%igen Neutralalkohol oder 70%igen Primasprit, alternativ 40%igen Wodka oder 38%igen Doppelkorn)
- Mixer oder Pürierstab

RECHTLICHE HINWEISE

WICHTIG: Sie dürfen eine Zwei-Liter-Destille zur Herstellung von Aromen, ätherischen Ölen, Pflanzenwassern (Hydrolaten) und destilliertem Wasser erwerben und besitzen, ohne den Besitz oder die Benutzung beim Zoll anmelden zu müssen! Mit einer Zwei-Liter-Anlage können Sie tatsächlich ordentlich etwas anstellen. Die Anschaffung lohnt sich. Falls Ihnen zwei Liter zu wenig sind, können Sie privat auch wesentlich größere Destillen erwerben, müssen den Besitz aber innerhalb von drei Tagen nach Erhalt bei dem für Sie zuständigen Hauptzollamt anmelden. Dazu genügt ein einfaches Schreiben mit der Größe der Destille, der Adresse, an der die Destille aufgestellt werden soll, und der Angabe, was Sie destillieren möchten. Das ist theoretisch alles, jedenfalls, solange Sie keinen Alkohol brennen möchten. Die Destillation der ätherischen Öle und Aromen für Ihren Gin ist seit 2018 im gesamten deutschsprachigen Raum auch für Privatpersonen erlaubt.

Wenn es um Alkohol geht, was es beim Gin normalerweise tut, dann sollten Sie die nachstehenden Regeln genau kennen.

Wichtig zu wissen: In der Schweiz und in Deutschland dürfen Sie offiziell keinen Alkohol destillieren. In Österreich dagegen schon.

DIE RECHTLICHE LAGE IN DEUTSCHLAND

Seit dem 1. Januar 2018 gilt in Deutschland das neue Alkoholsteuergesetz, welches das frühere Branntweinmonopolgesetz abgelöst hat. Das deutsche Gesetz verbietet generell jede Alkoholdestillation, ebenso wie den privaten Besitz einer Destillieranlage zur Alkoholherstellung oder Alkoholdestillation. Das ist ein Problem!

Aufgrund der „Ungerechtigkeit" in diesem Gesetz dürfen wir zu Hause im Hobbybereich nicht einmal mit gekauftem und entsprechend ver(s)teuertem Neutralalkohol destillieren.

Es ist schwer zu verstehen, was sich unsere Behörden dabei gedacht haben. Man kann zwar nachvollziehen, warum ein Staat nicht möchte, dass jeder steuerfrei und möglicherweise gesundheitsschädigend Alkohol aus Zuckerwasser, Getreide, Kartoffeln oder den Früchten aus dem Garten selbst herstellen kann. Warum man aber keinen neutralen Ansatzalkohol kaufen

„Moonshining"? Sie sollten wissen, was Sie dürfen, bevor Sie sich strafbar machen.

und durch die Destillation veredeln darf, bleibt ein Rätsel. Vermutlich möchte man sich Kontrollen und den damit verbundenen bürokratischen Aufwand sparen. Wie hatte man es einst in der Schweiz offen formuliert? „Jede Destille weniger vereinfacht die Kontrolle."

Immerhin: Wenn Sie professionell Gin herstellen möchten und ein entsprechendes Gewerbe anmelden, dann bekommen Sie relativ schnell die Genehmigungen, die Sie benötigen, um eine Geistbrennerei mit versteuertem Alkohol offiziell und legal zu betreiben. Ein kleiner Trost, der uns im Hobbybereich leider nicht hilft.

Damit Sie in Deutschland trotzdem Ihren eigenen Gin herstellen können, gehe ich in diesem Buch kreativ auf alle Möglichkeiten der Ginherstellung ein. Destillieren dürfen wir, auch das ist ein kleines Trostpflaster, nur eben keinen Alkohol, nicht einmal, um Parfüme herzustellen oder die Destille von den Resten der ätherischen Öle zu reinigen. Alkohol ist tabu. Schade ist das.

Was können wir tun? Wir destillieren und extrahieren die wertvollen Aromen separat aus den Botanicals und mischen diese dann brav Tropfen für Tropfen in unseren ordnungsgemäß gekauften Neutralalkohol. Uns bleibt (fast) nichts anderes übrig, wenn wir auf der Seite des Gesetzes bleiben möchten.

In Österreich dürfen Sie auch mit gekauftem und entsprechend versteuertem Neutralalkohol destillieren!

Alternativ könnten wir unsere zu Hause Angesetzten mit in den Urlaub nehmen und auf dem Campingplatz oder im Ferienhaus brennen. Schon in Österreich oder Ungarn wäre das erlaubt. Dort ist man glücklicherweise etwas toleranter im Umgang mit Hobby- und Hausbrennern, und so richten sich einige Kapitel dieses Buches speziell an die Hobbybrenner in Österreich.

SONDERREGELUNG ÖSTERREICH

In Österreich dürfen Sie mit einem gekauften und somit versteuerten Alkohol destillieren und auch privat Geiste und Gin herstellen. Das Hauptzollamt in Graz empfiehlt allerdings, vorher anzufragen und zu erklären, was man genau brennen möchte. Man kann sich den Brennvorgang amtlich bestätigen lassen und bleibt so zu 100 % auf der legalen Seite. Das Brennen oder Beimischen von eigener Maische, Wein oder Bier wäre nämlich auch in Österreich verboten, was es doch ein bisschen komplizierter macht. Zu diesem Zweck müssten die Destille ebenso wie der Brennvorgang in Graz angemeldet werden.

Destillen mit bis zu zwei Litern Rauminhalt sind in Österreich nicht meldepflichtig, wobei der Verwendungszweck der Destille im Gegensatz zur deutschen Gesetzgebung keine Rolle spielt. Es gibt noch einen weiteren Unterschied zur deutschen Gesetzgebung: Deutschland spricht vom Brennkesselvolumen und Österreich vom Rauminhalt. Streng genommen müsste man deswegen in Österreich das Volumen der Aromakolonne oder des Destillierhelmes berücksichtigen, was aber glücklicherweise niemand tut. Es wäre ohnehin sehr schwierig, den tatsächlichen Rauminhalt einer Destille auszurechnen oder auszulitern, so

Legalize Home Distilling! Gemeinsam für die gute Sache: unsere Freunde vom „Atelier du Boilleur" in Frankreich.

bleiben wir auch in Österreich beim Brennkesselvolumen als Nennwert zur Destille. Sie können in Österreich auch ohne Weiteres größere Geistbrennereien zur Ginherstellung erwerben, privat beim Zoll in Graz anmelden und anschließend benutzen.

SONDERREGELUNGEN SCHWEIZ

Die Schweiz ist im Umgang mit dem Brenngerät noch etwas großzügiger als Deutschland und Österreich. Sie dürfen Destillen mit bis zu drei Litern Brennkesselvolumen anmeldefrei erwerben und wie in Deutschland zur Herstellung von ätherischen Ölen und Hydrolaten benutzen, aber keinen Alkohol damit brennen.

WELCHE DESTILLE IST GEEIGNET?

Sie sollten sich zur Herstellung der Aromen ebenso wie zur Gindestillation unbedingt eine Destille mit befüllbarer Dampfkolonne oder einem integrierten Aromakorb beschaffen. Im Umgang mit den Botanicals werden Sie vermutlich oft destillieren und möchten hochwertige, klare Aromen in bester Qualität für Ihre eigenen Gins erhalten. Dazu benötigen Sie eine Destille mit zusätzlichem Platz für die Botanicals. Generell kann man sagen: Je größer dieser zusätzliche Dampfraum Ihrer Destille ausfällt, umso kräftigere Aromen und umso größere Mengen an ätherischen Ölen können Sie destillieren. Für die Gindestillation mit Alkohol spielt die Größe des Dampfraumes im Gegensatz dazu eher eine untergeordnete Rolle.

Die meisten Aromen, Hydrolate und ätherischen Öle destillieren wir durch die sogenannte Dampfdestillation. Wasser oder Alkohol (oder ein Gemisch aus beiden) wird im Brennkessel erhitzt, der Dampf steigt nach oben und zieht durch das Pflanzenmaterial über dem Brennkessel hindurch. Diesen Vorgang nennt man auch Schleppdestillation, weil der feine Dampf die Botanicals durchdringt und dabei Aromen und andere Inhaltsstoffe aus den Pflanzen herausreißt und mit sich bis in den Kühler der Destille schleppt.

Im Gegensatz zu dem Einfallsreichtum der „professionellen" gewerblichen Brennereien müssen wir mit einer richtigen Hobbydestille nichts basteln. Fast alle heute erhältlichen anmeldefreien Zwei-Liter-Destillen sind auf die Herstellung von Pflanzenwassern, ätherischen Ölen und Aromen optimiert und von vornherein mit einer zumeist geräumigen Aromakolonne und integrierten Sieben für die Botanicals ausgestattet.

In gewerblichen Brennanlagen muss der Brennmeister oft improvisieren und sich etwas einfallen lassen, wie er die Botanicals in den Dampf bekommt. So werden zum Durchdampfen der Pflanzenmaterialien seltsam anmutende Siebe, zum Beispiel chinesische Bambusdämpfer oder Beutel und Tücher, eingehängt, wenn man nicht direkt aus dem Brennkessel heraus destilliert. Wer nur eine einfache Alembik- oder Pot-Still-Destille sein Eigen nennt, könnte sich hier vielleicht inspirieren lassen und auch mit Baumwoll- oder Leinentüchern improvisieren. Letztendlich zählt das Ergebnis, aber mit einer speziellen Destille lässt es sich bequemer und praktischer erzielen.

Wir kennen viele verschiedene Destillenbauformen und -varianten. Mit welcher werden Sie sich anfreunden?

FACHWISSEN

Eine optimale Destille für ätherische Öle und aromatische Pflanzenwasser (Hydrolate) wird den Dampf möglichst zügig auf kurzem Weg durch eine maximal große Menge an Pflanzenmaterial leiten und direkt danach stark abkühlen.

Die Logik dahinter ist einfach. Je mehr Pflanzen Sie in einem Aufwasch durchdampfen können, umso mehr ätherische Öle und umso intensivere Pflanzenwasser werden Sie erhalten. Da wir diese selbst destillierten Hydrolate später für unseren Gin verwenden, ergibt das entsprechend mehr Aroma für unseren Gin, ohne den Alkohol zu verwässern.

Ein zweiter wichtiger Punkt ist ebenso logisch. Es gilt bei der Herstellung von ätherischen Ölen zumeist die Devise: Je schneller Sie das Pflanzenmaterial durchdampfen, umso schneller können Sie die ätherischen Öle aus den Pflanzen schleppen und entsprechend kürzere Zeit werden diese erhitzt. Das bedeutet, je kürzer die Inhaltsstoffe im heißen Dampf verbleiben, also je schneller sie danach wieder kondensieren, umso höher ist am Ende die Qualität und umso mehr wertvolle Inhaltsstoffe bleiben enthalten.

Man kann enthaltene Stoffe auch „zerkochen", was vor allem in der Naturkosmetik, Naturheilkunde und Aromatherapie einen Unterschied macht. Die Aromen ändern sich je nachdem, wie lange sie der hohen Temperatur ausgesetzt sind. Zerkocht schmeckt selten gut.

Bei manchen Destillen ist es bauartbedingt kaum möglich, den Dampf schnell durch die Pflanzen bis in den Kühler zu leiten. Der Dampf steigt auf, kühlt wieder an, die Flüssigkeit tropft mitsamt den Inhaltsstoffen wieder zurück in den Kessel. So entsteht ein Kreislauf, bei dem nur die allerflüchtigsten Inhaltsstoffe bis zum Kühler gelangen und dort kondensieren. Was beim Abtrennen von giftigem Vorlauf in der Obstbrennerei oder bei der Destillation von extrem hochprozentigem Alkohol oder Treibstoffen ein Vorteil sein kann, wäre bei

Profidestille in der „Stockholms Bränneri“, die sehr leckere Ginsorten direkt aus dem Kessel heraus destilliert.

der Aromadestillation in den meisten Fällen ein Nachteil. Gleich vorneweg: Ausnahmen bestätigen die Regel, einzelne ätherische Öle werden eher langsam und zeitintensiv destilliert, weil sie sich nur langsam aus den Pflanzenzellen lösen.

Diese sehr speziellen Einzelfälle müssen uns nicht wirklich interessieren. Im Profibereich kennen wir allerlei verschiedene Spezialdestillen, beispielsweise mit Hydrolatsrücklauf, bei denen das Pflanzenwasser stets zurückgeführt und erhitzt wird, um das Pflanzenmaterial erneut zu durchdampfen, vor allem bei Rosen und azulenhaltigen Pflanzen wie der Kamille. Privat arbeiten wir sanfter und mit mehr Liebe zum Material.

Noch etwas: Für eine höhere Ausbeute an ätherischen Ölen empfiehlt es sich, möglichst stark zu kühlen. Unsere wertvollen Aromen sind, wie der Name es schon sagt, ätherisch, also flüchtig, und können sich dementsprechend schon bei sehr niedrigen Temperaturen in Wohlgefallen auflösen, sprich den Raum beduften, was wir aber vermeiden möchten. Wir möchten die ätherischen Öle, die Seele der Pflanzen, möglichst komplett einfangen, in ein Fläschchen sperren und so lange sicher aufbewahren, bis wir es für unseren Gin benötigen.

Alkohol oder ätherische Öle?

Wichtig ist, zu erkennen, dass wir in diesem Buch von zwei verschiedenen Destillationsmethoden sprechen. Wir destillieren ätherische Öle und Hydrolate mit Wasser und benötigen dazu eine Destille mit möglichst großem Dampfraum. Das ist die erste Methode.

Außerdem destillieren wir in Alkohol eingelegte Botanicals aus dem Kessel heraus oder entgeisten die Botanicals im Dampfraum, indem wir anstelle von Wasser mit Alkohol destillieren. So funktioniert die Geistdestillation, welche wir auch aus dem Spirituosenbereich kennen. Besonders bekannt sind beispielsweise der Himbeer- oder Haselnussgeist. Ein neutraler Alkohol wird mit einem Geschmacksträger angesetzt und destilliert. Gin ist ein Geist!

Die benötigten Mengenverhältnisse sind höchst interessant. Um einen neutralen Alkohol durch die Destillation von frischen oder getrockneten Botanicals zu aromatisieren, sind so große Pflanzenmengen, wie für die Destillation der ätherischen Öle empfohlen, gar nicht notwendig! Meistens genügen tatsächlich schon sehr kleine Mengen einzelner Botanicals, um das gewünschte feine Aroma zu erzielen. Darüber hinaus werden etliche Aromaträger zuvor eingeweicht (mazeriert), bevor sie destilliert werden. Sie landen mit dem Alkohol direkt im Brennkessel.

Der Dampf wird manchmal zusätzlich durch feine Aromen frischer oder stark ölhaltiger Pflanzen, wie der Zitrusfrüchte, von Rosmarin, Minze oder Lavendel, angereichert. Die Kunst liegt darin, die perfekte individuelle Mischung zu finden. Jeder Brenner und jede Brennerei hat hier ihre eigenen Methoden und ihr „Geheimrezept“.

Die unglaublich vielen verschiedenen Methoden zur Aromatisierung erkläre ich

Letztendlich kann man mit jeder Destille alles destillieren. Nur mit manchen etwas besser und mit anderen wiederum etwas schlechter.

später im Buch. Wichtig ist, an dieser Stelle zunächst den Unterschied zu verstehen. Eine Destille für ätherische Öle sollte mit einem möglichst großen Dampfraum, beispielsweise einer befüllbaren Kolonne oder einem Aromakorb, ausgestattet sein und obendrein eine starke Kühlung ermöglichen. Bei der Alkoholdestillation, speziell bei der Aromatisierung von Gin durch die Dampfdestillation, genügen ein wesentlich kleinerer Dampfraum und eine normale Kühlung.

Brauchen Sie zwei Destillen?

Bevor Sie sich eine Destille anschaffen, macht es Sinn, sich zu überlegen, was Sie vermutlich eher destillieren werden. Ätherische Öle und aromatische Pflanzenwasser oder doch Alkohol? Überlegen Sie gut, denn es wird am Ende die Methode, wie Sie Ihren Gin herstellen, beeinflussen. Die „Oberklasse" wären ein echter „London Dry" oder ein „Distilled Gin", die Sie aber leider beide in Deutschland und in der Schweiz nicht legal destillieren dürften. Wir müssen uns immer vor Augen halten, dass die Alkoholdestillation für Privatpersonen in beiden Ländern verboten ist. In Österreich dürfen Sie sich dagegen freuen und mit gutem Gewissen eigene „Distilled Gins" mit gekauftem und entsprechend versteuertem hochprozentigen Alkohol destillieren. Die Anschaffung lohnt sich, und Sie werden sicher viel Spaß bei der Ginherstellung haben.

Für einen in Deutschland und in der Schweiz erlaubten „Compound Gin", also einen „gemischten" oder nachträglich aromatisierten Gin, empfiehlt sich die Anschaffung einer eigenen Destille, wenn Ihnen ausreichend Botanicals zur Verfügung stehen.

Berücksichtigt man die Preise für ätherische Öle und Hydrolate in Bio-Qualität, lohnt sich die Anschaffung der Destille schnell, vor allem auch, weil Sie eigene und exotischere Aromen oder spezielle Mischungen und Konzentrate selbst herstellen könnten.

Besitzen Sie einen schönen Garten oder sind Sie oft in der freien Natur? Dann lohnt sich die Anschaffung der Destille ebenso, wie wenn Sie eine vertrauenswürdige

Quelle zum Einkauf von Botanicals in guter Qualität haben. Viele Pflanzen werden Sie ohnehin zukaufen müssen. Vielleicht nicht den Wacholder, aber schon beim Koriander oder dem Pfeffer wird es unwahrscheinlich, dass Sie diesen im eigenen Garten anpflanzen können.

Meine Empfehlung: Verzichten Sie zunächst auf die Anschaffung einer eigenen Destille zur Herstellung von ätherischen Ölen und Hydrolaten und versuchen Sie sich am Ansetzen, Filtrieren und Mischen mit gekauften ätherischen Ölen und Hydrolaten. Sie ahnen nicht, wie viele Menschen begeistert eine Destille kaufen und sie dann doch nicht benutzen. Das ist schade, denn das Destillieren bringt eine Menge Spaß, wenn man sich erst einmal darauf einlässt.

Destillieren als Wochenend- und Freizeitvergnügen? Hier destillieren wir direkt ins Glas.

Fazit: Eine zweite Destille ist nicht unbedingt nötig, jedenfalls nicht, wenn Sie sich gleich ein für beide Varianten der Destillation geeignetes Modell anschaffen und bereit sind, sich nach jeder Destillation ein wenig um die Pflege der Anlage zu kümmern.

Generell kann man davon ausgehen, dass eine Alkoholdestille nach der Destillation einfach zu reinigen ist und es kein Problem darstellt, wenn man später mit der gleichen Destille ätherische Öle destilliert.

Umgekehrt ist es möglicherweise etwas schwieriger, denn eine Destille zur Herstellung ätherischer Öle kann durchaus noch deutlich nach den zuvor destillierten Botanicals duften und versteckte Anhaftungen ätherischer Öle im Geistrohr oder Kühler behalten. Ätherische Öle sind alkohollöslich, deswegen könnte ein anschließend gebrannter Alkohol diese Restaromen annehmen und sein Aroma verändern.

Hier werden die Aromen für die exotischen Ginsorten der Brennerei „AltEnderle“ destilliert und aufbewahrt.

Die beste Methode, um Anhaftungen aus früheren Destillationen sicher zu entfernen, wäre eine Reinigungsdestillation mit Alkohol, was uns aber in Deutschland und in der Schweiz genauso wie die Geist- und Gindestillation verboten bleibt.

Ich lege meine Destille meistens direkt nach der Destillation ätherischer Öle für ein paar Stunden in die Spüle mit heißem Wasser und darin aufgelöster Zitronensäure. Ein Zehn-Gramm-Päckchen genügt von der Menge her. Danach spüle ich schnell mit klarem Wasser und trockne gut ab. Das ist in den meisten Fällen völlig ausreichend.

Nachstehend beschreibe ich die am ehesten infrage kommenden Destillenmodelle und am Ende die „Eier legende Wollmilchsau“, die alles kann.

TRADITIONELL: ALEMBIK- UND POT-STILL-DESTILLEN

Einfach gebaute Destillen ohne eigenen Dampfraum, wie die ursprünglichen Alembik- oder Pot-Still-Destillen, sollten Sie nur nutzen, wenn Sie Ihre Botanicals vorher in Alkohol mazerieren und daraufhin schnell und möglichst aromastark abdestillieren möchten. Auf diese Weise können Sie schnell sehr leckere Gins in gleichbleibender Qualität herstellen und in die Fußstapfen vieler bekannter Brennereien treten. Möglicherweise könnten Sie sogar versuchen, deren Rezepte zu imitieren, falls Sie einen Lieblingsgin haben und die Brennerei die wichtigsten Zutaten bekannt gibt. Ein Großteil der heute auf dem Markt angebotenen „Distilled Gins“, aber auch der „London Dry Gins“, wird zuerst mazeriert und später in einer einfachen Destille ohne Aromakorb, Kolonne oder anderen „Schnickschnack“ gebrannt. Das ist die ursprünglichste aller Methoden, bei der sich vom 17. Jahrhundert bis heute kaum etwas geändert hat.

Traditionelle Alembik-Destille für allerlei Experimente in der „Stockholms Bränneri“.

In einer solchen „direkten“ Destille ohne eigenen Aromabereich für die Botanicals landen die durchaus kräftigen Aromen aus dem zuvor angesetzten Alkohol gut wahrnehmbar in Ihrem Destillat. Der Dampf kann in voller Breite mit allen Inhaltsstoffen aufsteigen und bleibt bis in den Kühler hinein heiß genug, um all die feinen und leicht flüchtigen Aromakomponenten bei sich zu halten. Sie können deswegen sehr gut aromatische Geiste aus angesetzten Mazeraten herstellen, aber im Zusammenhang mit unseren Ginexperimenten und der Aromadestillation nicht sehr viel mehr. Die Destille beraubt Sie der vielen Möglichkeiten, die Ihnen ein Dampfraum zusätzlich bieten würde.

Ich würde eine Alembik- oder Pot-Still-Brennerei als Zweitdestille oder für die (privat verbotene) Obstbrennerei empfehlen, für die Gin- und die Aromadestillation im Hobbybereich wären die nachfolgenden Destillen deutlich besser geeignet.

KOPFGEKÜHLT: ALQUITARA- UND LEONARDO-DESTILLEN

Mit diesen außergewöhnlichen, weil oben direkt über dem Kessel gekühlten Destillen können Sie stattliche Mengen wertvoller Aromen aus Küche, Garten und freier Natur selbst herstellen. Der Dampf steigt schnell über eine breite Fläche auf, durchdringt das Pflanzenmaterial, nimmt alle ätherischen Öle und Aromen mit und wird direkt darüber wieder abgekühlt. Das ist genau das, was wir uns für eine Destillation von hochwertigen ätherischen Ölen und Pflanzenwässern wünschen.

Sowohl die ursprünglichen Alquitaras als auch die moderne Leonardo-Destille erlauben es, eine relativ große Menge an Botanicals zuverlässig zu destillieren, beispielsweise in der Küche oder im Garten. Mit einer solchen „kopfgekühlten" Destille arbeitet es sich unkompliziert, und Sie könnten sich zeitnah eine stattliche Sammlung an Hydrolaten und ätherischen Ölen für Ihren Gin ins Regal stellen. Die Leonardo läuft stabil nebenbei und braucht nur wenig Kontrolle oder Pflege, während die traditionelleren Alquitaras sich auch gut zum Mitnehmen und zum Destillieren an Ort und Stelle, beispielsweise im Urlaub direkt an der Pflanze, eignen.

Die Leonardo ist die perfekte Destille für ätherische Öle und Hydrolate in Küche und Garten.

Ich möchte nicht verschweigen, dass jede Bauart Vor- und Nachteile mit sich bringt. Der Nachteil bei den kopfgekühlten Destillen ist, dass der Kühler das Destillat zu dicht an der Hitze vorbei ableitet und insgesamt etwas schlechter als ein seitlich stehender Kühler funktioniert. Dagegen steht der Vorteil der extrem kurzen Dampfwege.

Wir haben gelernt, bei der Alquitara ebenso wie bei der Leonardo beispielsweise ein Tuch oder ein Stück Kork zwischen das kalte Geistrohr und den heißen Hals der Destille zu stecken, um die unterschiedlichen Temperaturen voneinander zu isolie-

Die Alquitara eignet sich wegen der kompakten Abmessungen auch gut als Reisedestille. Hier destillieren wir Kiefernnadeln im Urlaub in den Pyrenäen.

ren. Außerdem kühlen wir nach Möglichkeit mit Kühlakkus aus dem Gefrierfach oder reichlich kaltem Eiswasser.

Gern empfehle ich aufgrund der unkomplizierten Bauart die Leonardo als beste Wahl zur Herstellung von Pflanzenwassern und ätherischen Ölen. Falls Sie sich zwei Destillen anschaffen möchten, dann wäre die Leonardo meine erste Wahl.

Ich will an dieser Stelle auch nicht verschweigen, dass es noch eine dritte „kopfgekühlte“ Destille gibt, die den Nachteil der schlechten Kühlung durch einen zusätzlichen, seitlich angebrachten Liebigkühler ausgleicht. Diese „Alquitara Plus“ genannte Destille wird zumeist im Profibereich verwendet, kombiniert die Vorteile der kopfgekühlten mit den Vorteilen der nachstehend aufgeführten Kolonnenbrennereien und ist vermutlich die „beste“ Destille zur Herstellung ätherischer Öle, wenn man diese ernsthaft und in höchster Qualität herstellen möchte. Für uns in der Hobbybrennerei rund um den Gin bleiben die Hydrolate und Aromen interessanter, und dafür sind die normalen Alquitara- und Leonardo-Destillen auch sehr gut geeignet. Die „Alquitara Plus“ steht aufgrund der schlanken Bauweise und der Höhe deutlich wackeliger, was zu Hause ein Nachteil sein kann.

Die Destille „Alquitara Plus“ korrigiert die kleinen Nachteile der Kopfgekühlten durch einen zusätzlichen seitlichen Kühler, ist dafür aber im Aufbau etwas wackeliger.

Zur Alkoholdestillation müsste ich eine andere Destille empfehlen, zum Beispiel die Kolonnenbrennerei.

DIE VIELSEITIGE KOLONNENBRENNEREI

Eine sogenannte Kolonnenbrennerei verbindet die beiden vorgenannten Varianten, indem sie zum einen wie eine einfache Alembik-Destille benutzt werden kann. So liefert sie aromastarke Brände oder Rosenwasser direkt aus dem Kessel.

Zusätzlich kann man eine befüllbare Dampfkolonne dazwischensetzen und ordentliche Mengen an Pflanzenmaterial zur Herstellung von ätherischen Ölen und Hydrolaten, aber auch zur Destillation von Geisten und Gin einbringen.

Von allen möglichen Destillieranlagen sind die Kolonnenbrennereien die vielseitigsten, denn sie ermöglichen nahezu jede Art der Destillation, egal ob mit Wasser oder Alkohol, hochprozentig oder sanft ebenso wie aromatisch oder neutral.

Zuvor hatte ich gemeint, dass jede Destille bestimmte Vorteile ebenso wie auch Nachteile aufweist. Nun, die Kolonnenbrennereien sind etwas kleinteiliger im Aufbau; vielleicht brauchen Sie zwei oder drei Destillationen, bis Sie die Eigenheiten

Typische Kolonnenbrennerei in der Zwei-Liter-Größe: eine der vielseitigsten aller Destillen.

der Destille beherrschen und auf Anhieb einen Kühlkreislauf anschließen können, ohne eine Überschwemmung zu verursachen. Danach aber werden Sie diese Destille sicher lieben und von ihrer Vielseitigkeit profitieren.

Bei den Halbliter-, Zwei-Liter- und Drei-Liter-„Essence“-Kolonnen besteht sogar die Möglichkeit, eine zweite Kolonne als Sonderzubehör zu erwerben und damit den zur Verfügung stehenden Dampfraum mit wenigen Handgriffen zu verdoppeln.

Alles in allem ist und bleibt die Kolonnenbrennerei eine der besten Destillen auf dem Markt, und ich würde sie vorbehaltlos als Hauptdestille empfehlen, wenigstens dann, wenn Sie es ernst meinen und etwas tiefer in die Kunst der Destillation eintauchen möchten.

Eine „Essence“-Kolonnenbrennerei für die Freitagsvorführungen in der „Destillatio“-Verkaufsausstellung.

Die Kolonnenbrennerei ist die eine Universaldestille, die eigentlich alles kann, sozusagen die „Eier legende Wollmilchsau“, und ein toller Kompromiss. Sie kann alles, was wir bei der Ginherstellung benötigen, und darüber hinaus noch einiges mehr, aber das erkläre ich in einem anderen Buch ...

Falls Sie mehr Wert auf absolute Unkompliziertheit und Sicherheit legen, dann wäre auch die nachstehende „EasyMoonshine“-Destille eine sehr gute Wahl.

DIE SICHERE „EASYMOONSHINE“-DESTILLE

Der Name ist Programm, denn diese Destille ist besonders „easy“, sicher und unkompliziert in der Handhabung und die perfekte Gindestille zugleich.

Möchten Sie die Nachteile der „EasyMoonshine“ gleich am Anfang hören? Im Gegensatz zur Kolonne oder den anderen bereits vorgestellten Destillen fällt hier die Öffnung

Die Destille „EasyMoonshine“ ist in verschiedenen Ausführungen lieferbar. Für die typische Gindestillation genügt die kleinste Variante, für unsere Experimente wäre die XL-Version besser geeignet.

Die kleinste Variante der „EasyMoonshine“ bietet alles, was wir für eine ehrliche Destillation von „London Dry Gin“ im „Small Batch“ brauchen.

am Brennkessel sehr schmal aus. Der Kessel ist entsprechend schwieriger mit groben Materialien zu befüllen und wieder zu reinigen. Beim Destillieren von Obstmaische und für Geiste und Gin angesetzten Mazeraten könnte sich das Einfüllen und spätere Entleeren etwas schwieriger gestalten als bei den anderen Modellen. Die fantastische Kolonne, das Plus an Sicherheit durch die stabilen Verbindungen und nicht zuletzt die äußerst praktische Handhabung dieser Destille sind es aber wert, hier ein paar kleine Abstriche zu machen.

Die „EasyMoonshine“ ist in verschiedenen Größen lieferbar. Zur reinen „One-Shot“-Gindestillation mit Alkohol und der normalen Menge Botanicals genügt schon das kleinste Model.

Erinnern Sie sich? Für einen „Distilled Gin“ brauchen wir gar nicht so viele Botanicals. Zehn Wacholderbeeren sind manchmal schon genug für eine Flasche. Die Kolonne ist auch in der kleinsten Ausführung schon groß genug, um die richtige Menge an Botanicals aufzunehmen und professionell zu durchdampfen, ideal für die Herstellung von ehrlichem „London Dry“ aus dem Kessel unter Zugabe von zusätzlichen Aromen in der Aromakolonne. In diesem Fall bietet die kleine „EasyMoonshine“ schon mal mehr als die Alembik-Destille vom Anfang dieses Abschnittes.

Empfehlen würde ich Ihnen trotzdem die XL-Variante mit der entsprechend deutlich größeren Kolonne. Der Durchmesser der Öffnung ist weiter, die Kolonne höher, und die Destille lässt sich durch eine zweite Kolonne zusätzlich im Dampfraum verdoppeln. Die Destille ist schon sehr ausgereift.

Mit der XL-Variante der „EasyMoonshine“ lassen sich Ginkonzentrate ebenso wie

Hier sehen Sie die Zwei-Liter-XL-„EasyMoonshine"-Destille mit der als Zubehör erhältlichen Extrakolonne nach einer Destillation von Wacholderöl und Hydrolat.

Die „EasyMoonshine" am Wohnwagen. Urlaubsstimmung durch Cocktails und Gin.

einzelne Aromen und Konzentrate der Botanicals herstellen, aber auch mit Wasser destillierte Hydrolate und ätherische Öle in bester Qualität.

Ich persönlich bevorzuge die XL-Variante wegen der deutlich größeren Kolonne. Obwohl dieses Modell noch gar nicht so lange auf dem Markt ist, ist sie mir zwischenzeitlich deutlich ans Herz gewachsen, und ich benutze sie immer öfter.

Die „EasyMoonshine" ist eindeutig die „Eier legende Wollmilchsau" für Gin-Enthusiasten, weil sie beide Destillationsmethoden, die wir bei der Ginherstellung benötigen, perfekt beherrscht. Ich hatte ähnliches bei der Kolonnenbrennerei erklärt, die allgemein noch wesentlich vielseitiger verwendbar ist, aber wenn man Bequemlichkeit und Sicherheit miteinbezieht, dann geht die „EasyMoonshine" eindeutig als Sieger hervor. Vor allem bei der Ginherstellung.

Noch eine Besonderheit: Dank der schlanken Kolonne und der perfekten Kühlung entsteht nicht nur ein Kamineffekt, welcher wertvolle Inhaltsstoffe sicher mitnimmt, die aufsteigenden Dämpfe werden in der schlanken Kolonne gezwungen, das gesamte Pflanzenmaterial von unten bis oben zu durchdampfen, was die Aromaausbeute zusätzlich verstärkt.

Ich persönlich benutze fast immer die gleichen drei Destillen für meine privaten Destillationen zu Hause: die XL-„EasyMoonshine", die Leonardo und unterwegs im Urlaub oder beim Camping die Zwei-Liter-Arabia-Destille, die ich hier nicht extra aufgeführt habe, weil sie zwar eine hervorragende Anfänger- und Reisedestille ist, aber eben nicht die beste speziell für die Ginherstellung.

Erinnern Sie sich an den Anfang des Abschnittes? Ich erklärte, dass man letztendlich mit jeder Destille alles machen kann, aber eben nicht immer optimal.

MEINE EMPFEHLUNG?

Falls Sie eine Destillieranlage speziell zur Ginherstellung erwerben möchten, dann empfehle ich Ihnen ganz klar die „EasyMoonshine"-Brennerei in der XL-Version von CopperGarden. Damit können Sie schnell und zuverlässig auch größere Mengen an ätherischen Ölen gewinnen und Botanicals mit Alkohol durchdampfen.

Möchten Sie mehr Flexibilität und öfter eigene Maische oder Mazerate im Kessel brennen? Dann wäre die Kolonnenbrennerei vermutlich die beste Wahl für Sie.

Und wenn Sie „nur" ätherische Öle und kräftige Pflanzenwasser destillieren möchten, dann ist die Leonardo die bequemste Variante mit ebenfalls hervorragenden Ergebnissen.

Die Qual der Wahl bleibt letztendlich Ihnen überlassen. Vielleicht beginnen Sie mit einer unkomplizierten oder günstigen Destille und kaufen sich irgendwann später eine zweite, spezielle dazu. Ich empfehle, auf Qualität zu achten. Wie sagt man? „Wer billig kauft, kauft doppelt", und eine Destille ist normalerweise eine Anschaffung fürs Leben. Umso ärgerlicher, wenn sie am Ende nicht richtig funktioniert. Aber keine Angst, wie gesagt gilt: Man kann mit jeder Destille alles destillieren, muss aber vielleicht manchmal ein wenig improvisieren oder Abstriche an der Qualität oder der Menge machen.

Die Auswahl an Destillen ist groß. Die Entscheidung sollte wohlüberlegt sein.

MATERIALIEN IN DER GINHERSTELLUNG

Welches Material ist das beste? Bei der Destille ist diese Frage einfach zu beantworten. Eine Destille sollte immer aus Kupfer sein. Kupfer bietet sowohl bei der Aroma- als auch bei der Alkoholdestillation etliche Vorteile, auf die ich hier kurz eingehen möchte.

Gleich vorneweg: Die berühmte gute Wärmeleitung des Kupfers bringt uns bei der Ginherstellung keinen Vorteil. Wenn wir destillieren, dann zumeist mit reinen Flüssigkeiten wie Wasser oder Alkohol oder mit eingeweichten (mazerierten) Botanicals, die in der Regel wenig zum Anbrennen neigen und deswegen theoretisch auch in Glas, Keramik oder Edelstahl destilliert werden könnten.

Kupfer als Material bietet aber wesentlich mehr. Einige Vorteile sind wichtig für ein harmonischeres Aroma, andere wiederum für eine längere Haltbarkeit. Kupfer kann Schwefelverbindungen sowie einzelne Säuren (Blausäure!) binden und dadurch den Gesamteindruck einer Spirituose deutlich harmonisieren. Darüber hinaus wirkt Kupfer antibakteriell, antiviral und antifungal, was bei Ihren selbst destillierten Pflanzenwassern und ätherischen Ölen zu einer längeren Haltbarkeit führt.

Ihr zugekaufter Alkohol ebenso wie ihr fertiger Gin werden durch den hohen Alkoholgehalt ohnehin lange haltbar bleiben, hier müssen Sie sich keine Sorgen machen. Die aromatischen Pflanzenwasser, die wir später zur Ginproduktion herstellen, sammeln und mit dem Alkohol vermischen werden, können dagegen relativ schnell verderben. Wir sollten uns von vornherein angewöhnen, immer unter bestmöglichen hygienischen Bedingungen zu arbeiten. Aus diesem Grund empfehle ich einen sauberen Arbeitsplatz, ordentlich sterilisierte Flaschen und Geräte und Kupfer als bestes Material.

Direkt nach dem Kupfer folgen Glas und Edelstahl, wobei Sie auch hier alle vor der Verwendung abkochen oder mit Alkohol

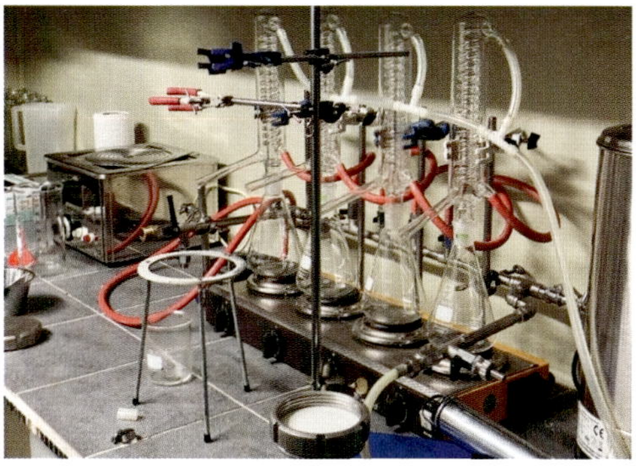

Glaskolben sind praktisch, um bei Experimenten exakte Mengen unter gleichen Bedingungen destillieren und vergleichen zu können.

oder speziellen Reinigungsmitteln sterilisieren sollten, um Verkeimungen von Anfang an ausschließen zu können.

Im Laborbereich werden genormte Glasinstrumente gern benutzt, weil man hervorragend Ergebnisse identisch reproduzieren und untereinander vergleichen kann. Die einzelnen Aromen lassen sich, wie auf dem umseitigen Bild aus der Brennerei „AltEnderle“, gut in Glasdestillen extrahieren. Für uns im Hobbybereich sind kupferne Destillen besser geeignet und für alles einsetzbar.

Ich nutze einen großen Kupfertopf, um meine Flaschen und Geräte zu sterilisieren, will aber auch nicht verschweigen, dass das reine Auskochen mit Wasser zu kalkhaltigen Ablagerungen an den Flaschen führen kann. Wenn Sie bei sich hartes Wasser haben, dann ist es möglicherweise besser, mit Alkohol oder speziellen Mitteln zum Sterilisieren zu arbeiten.

Die meisten Messinstrumente, Flaschen und Trinkgefäße werden aus Glas hergestellt, so sind vermutlich Kupfer und Glas die am häufigsten verwendeten Materialien bei der Ginherstellung – und wunderschön noch dazu.

Was die Verschlüsse und Stopfen angeht, neige ich selbst noch zu Naturkorken, habe aber auch schon schlechte Erfahrungen mit Schimmel und Moder gemacht. Die Alternativen vom Schraubverschluss über den Glasstopfen bis hin zum Kunststoffkorken enthalten immer Plastik mit all seinen Vor- und Nachteilen. Dem können wir an dieser Stelle nur schwer entgehen.

Beim Destillieren versuche ich, Kunststoffe zu vermeiden. Man weiß nie, welche Weichmacher sich in unseren kräftigen, alkoholhaltigen Mischungen oder bei den vielen Inhaltsstoffen der ätherischen Öle lösen und am Ende genau wie die Aromen der Botanicals in das Getränk übergehen. Zum Ableiten des Destillates eignet sich ein Silikonschlauch am besten. Ich benutze bevorzugt Messzylinder und Geräte aus Glas und Trichter aus Kupfer und möchte Ihnen gern empfehlen, ebenfalls auf Kunststoffe zu verzichten und sich nach gesünderen Materialien wie Porzellan, Keramik, Glas und Edelstahl umzusehen. Es gibt uns nur einmal.

Auch beim Filtern und Filtrieren ist es schwierig, sicher zu sein. Man liest immer wieder allerlei Tipps mit Papiertüchern und Watte, wobei ich mir nicht so sicher bin, ob nicht Bleichmittel oder bunt aufgedruckte Bildchen am Ende auch schaden könnten. Leider werden wir es nie genau wissen, aber ich habe gern meine „unwissenschaftliche“ Meinung dazu kundgetan.

Allerlei Zutaten und meine Lieblingsdestille ausgebreitet auf der Arbeitsplatte in der Küche.

BOTANICALS

Nachstehend zähle ich Ihnen einige Kräuter und Gewürze auf, die bei der Ginherstellung zum Standard gehören und die Sie – zusammen mit dem, was Ihnen am besten schmeckt – gleich zu Anfang beschaffen sollten. Sie sollten sich nicht zu sehr von Listen, Rezepten oder den hier genannten Botanicals beeinflussen lassen. Wichtig ist, zu wissen, dass die drei Hauptzutaten Wacholder, Koriander und Engelwurz in fast jedem Gin auftauchen. Mit weiteren Zutaten, wie zum Beispiel Iriswurzel, Lakritze oder Zitrusschalen, lässt sich schon sehr schön spielen und so manch leckerer Gin bilden.

Letztendlich dreht es sich in diesem Buch darum, Ihren eigenen, besonderen Gin zu kreieren. Da sind Sie allein gefordert. Wonach steht Ihnen der Appetit? Was passt dazu? Was wächst in Ihrem Umfeld? Hören Sie auf Ihre eigene innere Stimme, und Sie werden Ihren idealen Gin entdecken. Wenn Sie kochen können, sind Ihnen schon viele Geschmackskombinationen bekannt, und es ist vielleicht etwas einfacher, gleich zu Anfang eine harmonische Auswahl zu treffen.

DIE OFFIZIELLEN 120

Für einen „London Dry Gin“, die meistverkaufte aller Ginsorten, sind 120 Botanicals oder Pflanzendrogen erlaubt. Möchten Sie, dass ich hier alle einzeln aufführe und Aromen und Inhaltsstoffe erkläre? Das Buch würde schnell zu einem dicken Wälzer, und ich müsste aus anderen Büchern „abschreiben“ oder Fakten recherchieren, weil ich kein Kräuterspezialist bin. Ich kann schmecken, riechen, kochen und destillieren. Das ist der Bereich, den ich Ihnen aus eigener Erfahrung vermitteln kann.

Sicher haben Sie schon einige Lieblingspflanzen oder Aromakombinationen im Sinn. Die Kunst besteht darin, die jeweiligen Kräuter, Wurzeln oder Gewürze so zu verarbeiten und untereinander zu kombinieren, dass sie schließlich ein harmonisches und möglichst neues Geschmackserlebnis bilden. Hier öffnen sich unendliche Möglichkeiten, denn die Aromen der einzelnen Komponenten sind nicht unveränderlich oder fest. Jede Zutat kann auf unterschiedliche Weise verarbeitet werden und öffnet je nach Methode wiederum unterschiedliche Aromen oder Intensitäten.

Denken Sie an Einfrieren, Trocknen, Rösten, Mazerieren und Destillieren, um nur einige Wege aufzuzählen. Bitte haben Sie Verständnis dafür, dass ich nicht zum hundertsten Mal schreiben möchte, welche Botanicals wie schmecken und was sie bewirken. Ich möchte Ihnen zeigen, wie Sie zu Hause mit viel Spaß und Erfolg eigenen Gin herstellen können, und möchte Sie dabei weiter führen, als es nach der Lektüre der meisten anderen Bücher zum Gin, Kräuterlexika oder Rezeptbücher möglich wäre. Ich wünsche mir, dass Sie sich selbst mit den Aromen und Pflanzen in Ihrer Küche, Ihrem Garten und Ihrer Umgebung beschäftigen, denn nur so wird es am Ende wirklich Ihr eigener Gin. Darauf können Sie dann auch wirklich stolz sein.

Wenn Sie mehr über die einzelnen Botanicals und Drogen wissen möchten, empfehle ich Ihnen, sich mit zusätzlicher Literatur einzudecken. Die meisten Bücher über die Ginherstellung beschreiben nur einen winzigen Teil der erlaubten Botanicals. Am besten sind Sie mit einem dicken Kräuter- oder, noch besser, einem speziellen Buch über Aromakombinationen bedient.[3]

Ich erinnere, behauptet zu haben, dass bei der Ginherstellung alles erlaubt sei und wir heute bereits Tausende unterschiedlicher Ginsorten auf dem Markt kennen. Etliche Hersteller gehen bereits neue Wege und nutzen weitere Pflanzen, Methoden oder alkoholische Grundlagen zur Aromatisierung, als das bei einem „London Dry" üblich wäre. Die Welt dreht sich, und wir profitieren von der unglaublichen Reichhaltigkeit. Um einen eigenen Gin zu kreieren,

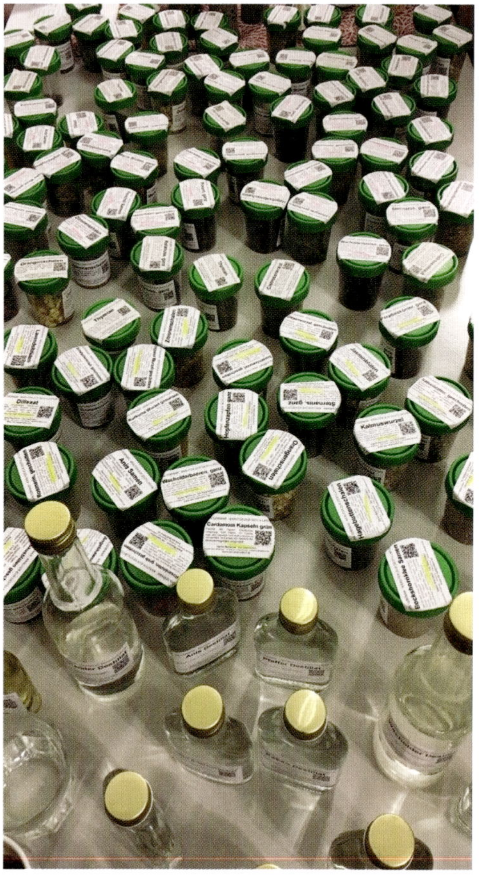

Große Auswahl an Botanicals beim Ginseminar mit Herrn Bierbaum.

etwas mit Charakter, sind wir angehalten, über uns hinauszuwachsen und neue Wege zu probieren. Dazu gehört, uns vom Herkömmlichen und Gewohnten zu verabschieden und uns in den Bereich eigener Experimente zu wagen.

Mit etwas Gefühl und Liebe zu dem, was wir hier tun, haben wir nichts zu verlieren, können aber viel gewinnen.

3 Zum Beispiel Karen Page u. Andrew Dornenburg: Das Lexikon der Aromen und Geschmackskombinationen, 5. Aufl., Aarau 2021.

DAS UNAUSGESPROCHENE GEHEIMNIS

Da sind wesentlich mehr Aromen zu entdecken, die Sie in Ihren Gin zaubern könnten, als die üblichen 120 Botanicals. Im Reich der Aromatisierung lauern unbegrenzte Möglichkeiten. Wir destillieren privat und müssen keinen „London Dry Gin" für den EU-Markt nach der aktuellen Gesetzgebung erzeugen. In einem „Dry Gin" ohne den Zusatz „London" können Sie verarbeiten, was immer Ihnen einfällt.

Unser Planet bietet etwa 30.000 genießbare Pflanzen, ein Aroma könnte durchaus auch von etwas anderem abstammen. Vielleicht von einem geräucherten oder luftgetrockneten Schinken, einem synthetischen Aromastoff, Erde oder im Extremfall sogar von einem Kunstwerk. 1986 bereits hatte ein Destillateur aus einem zerstörten Fettkunstwerk des Joseph Beuys einen Schnaps gebrannt. Wie lecker der letztendlich wurde, ist mir nicht bekannt, aber Sie sehen, es ist alles möglich.

30.000 Pflanzen? Frisch, geröstet, getrocknet, als ätherisches Öl oder mazeriert und destilliert. Wie klingt das für Sie? Vermutlich erschreckend und unüberschaubar.

Die gute Nachricht: Für einen Gin benötigen wir normalerweise nur fünf bis sieben und nur sehr selten wirklich mehr als zehn, vielleicht 15 Aroma gebende Botanicals, selbst wenn wir einzelne Sorten wie den beliebten „Monkey 47" kennen, der mit 47 Botanicals glänzt. Zumindest gehören diese zur Story. Ob jemand sie wirklich herausschmecken kann oder inwieweit alle 47 für das Gesamtaroma von Belang sind, kann ich nicht entscheiden. Der „Monkey 47" ist trotzdem vorbildlich, denn er schmeckt und bietet eine großartige Story, die den Genuss zusätzlich erhöht.

Die wichtigsten Botanicals: Einige Pflanzenmaterialien sollten Sie sich unbedingt beschaffen. Sie dienen bestimmten Zwecken und sind aus einem Gin kaum wegzudenken. Wacholder zum Beispiel. Da brauchen wir nicht lange überlegen. Wacholder ist Pflicht. Ohne Wacholder gibt es keinen Gin. Wacholder ist die Hauptzutat, aber nicht die einzige ...

Wussten Sie, dass Koriander neben dem Wacholder in den meisten Ginsorten die wichtigste Zutat ist? Und zwar nicht wegen seines eigenen Geschmacks, sondern weil er in Kombination mit Zitrusfrüchten, die wir in fast jedem Gin finden, dazu dient, diese harmonisch auszubalancieren, zu heben und zu unterstützen. Bitte besorgen Sie sich Koriander, Sie werden es sicher nicht bereuen. Koriander gehört unbedingt dazu.

Haben Sie es bemerkt? Wir sind direkt bei der nächsten Zutat angekommen. Wozu benötigen wir Koriander? Richtig, zum Unterstützen der Zitrusnoten. Ein Gin ohne Zitrusfrüchte wäre fast schon ungewöhnlich. Beschaffen Sie sich getrocknete Orangen- und Zitronenschalen. Zitrone verleiht eher frische Noten, während uns die Orange wohlig umhüllt und wärmt. Sie können groß-

Leckere Mischung von Botanicals! Wie das wohl als Gin schmecken wird?

zügig mit weiteren Zitrusfrüchten wie Limette, Grapefruit, Mandarine, Bergamotte, Pomeranze spielen, falls Ihnen deren Aromen zur Verfügung stehen. Jede einzelne kann Ihren Gin in eine andere Richtung lenken. Zitrusfrüchte nutzen wir frisch, getrocknet oder als ätherisches Öl. In Kombination mit dem Koriander gehören Zitrusnoten eigentlich in jeden Gin. Welche Ihnen am liebsten sind, das entscheiden Sie.

Haben Sie mitgezählt? Wir sind schon jetzt bei drei fast immer vorhandenen Botanicals angekommen: Wacholder, Zitrus und Koriander. Vielleicht ist die vierte Hauptzutat, die Engelwurz, für Sie weniger bekannt oder unerwartet, dennoch gehört sie unbedingt dazu!

Besorgen Sie sich getrocknete Engelwurz *(Angelica)*. Sie ist ein „Geschenk der Engel", welches man aber, wie den Koriander, kaum allein herausschmecken kann. Wie das sprichwörtliche Salz in der Suppe gehört die Wurzel der Engel in jeden Gin (ebenso wie in vielerlei andere Kräutergetränke), um die einzelnen Komponenten harmonisch untereinander zu verflechten und zu einem großen Ganzen zu vereinen. Die Engelwurz ist das „Bindegewebe", auf dem Sie alle weiteren Zutaten auslegen, mit Ihren eigenen Aromen und Ideen verknüpfen und harmonisch fusionieren. Probieren Sie es aus! Destillieren Sie identische Zutaten einmal mit und einmal ohne Angelica, verkosten Sie den Unterschied, und Sie werden die Engelwurz genau wie den Koriander schnell lieben lernen und für immer in Ihrer Sammlung und in Ihren Gins behalten wollen.

Chaos in meiner Küchenschublade: Hier liegen meine Botanicals bereit.

Als fünfte Zutat im Bunde eines guten Gins würde ich Ihnen noch die Iriswurzel nahelegen. Sie spielt in fast allen Ginsorten eine bedeutende Rolle, denn ihr liebliches und feinblumiges Aroma ergänzt die vorherigen Zutaten perfekt. Diese fünf zusammen ergeben einen feinen und typischen Gin, auch wenn bei dieser Kombination die eigene, also die besondere Note fehlt. Geben Sie eine Prise Lavendel, einen Hauch Zimt oder ein wenig Anis hinzu, um Ihren Gin von der breiten Masse abzuheben.

Ist das alles? Wie geht es jetzt weiter? Alles, was über die bereits genannten fünf Grundzutaten hinausgeht, liegt in Ihrem persönlichen Ermessen. Überlegen Sie: Wie sollte Ihr Gin schmecken? Eher fruchtig oder blumig? Erdig oder holzig? Herb oder würzig? Die Wahl liegt bei Ihnen.

BOTANICALS, DIE SIE IN JEDEM FALL AUSPROBIEREN SOLLTEN

Angelica

Die Engelwurz stammt aus dem Norden Europas, wo sie trotz der leichten Giftigkeit als Gemüsepflanze und für medizinische Zwecke angebaut wurde. Obwohl sie als Pflanze allein schon wegen Ihrer Höhe von bis zu drei Metern hervorsticht, kennen wir sie, wenn überhaupt, eher als unauffällige Zutat in unseren Getränken. Aus gutem Grund werden die Wurzeln der Angelica in einer stattlichen Anzahl an Getränken und Spirituosen verarbeitet.

Die Hauptaufgabe der Engelwurz in unseren Getränken ist das sanfte und engelsgleiche Harmonisieren und Verbinden anderer schmackhafter Zutaten. Trotz des schönen Namens und vieler abenteuerlicher Geschichten rund um die Wurzel der Engel wird sie selten als Hauptzutat erwähnt. Dabei finden wir sie in fast jeder Kräutermischung, in allen Kräuterlikören, in Bitterschnäpsen (sie hat durchaus eine bittere Note), im Wermut und nicht zuletzt im Gin, und genau da gehört sie auch hin.

Die Engelwurz ist in der Ginherstellung die eine Gabe, auf die wir nicht verzichten sollten. Mit Angelica wird alles besser. Sie gibt unserem Gin Körper und Fülle. Ich empfehle Ihnen für alle Eventualitäten, eine ausreichende Menge getrockneter, im Handel zumeist fein geschnittener Engelwurzeln zu besorgen und sie bei Ihren Experimenten von Anfang an miteinzubeziehen. Es lohnt sich.

Leider gibt die Engelwurz bei der Wasserdampfdestillation nur wenig von ihrem ätherischen Öl ab. Entsprechend hochpreisig wird es gehandelt. Trotzdem empfehle ich Ihnen, sich ein kleines Fläschchen für Ihre Experimente zu beschaffen, auch damit Sie den Geruch wirklich kennen- und verstehen lernen. 1 ml klingt wenig, ist aber dennoch – in Tropfen gerechnet – eine stattliche Menge und genügt, um eine relativ große Menge Gin zu harmonisieren.

Ein Angelikahydrolat lässt sich aus selbst gesammelten ebenso wie aus zugekauften getrockneten Wurzeln selbst herstellen und mit hochprozentigem Alkohol in Gin verwandeln. Außerdem können Sie die Wurzel gut in einem „Cold-Compound"-Gin mit Alkohol ansetzen oder in einer Destille gemeinsam in einem Mazerat mit anderen Botanicals destillieren. Egal, für welche Methode Sie sich entscheiden, die Angelica gehört dazu.

Anis/Sternanis

Anis ist eine wunderbare, sehr einfach zu verarbeitende und höchst aromatische Pflanze, was den Umgang zugleich relativ schwierig macht. Anis passt wirklich gut in Alkoholgetränke wie Absinth oder die bekannten speziellen Anisspirituosen wie Ouzo oder Pastis. Es wäre ein Wunder, würden wir ihn nicht auch im Gin finden.

Tatsächlich ist er ein wichtiger Bestandteil in vielen Ginsorten und harmoniert wunderbar in ausgewogenen Mischungen mit allerlei anderen Aromen und Zutaten aus unserer Küche, wie etwa Fenchel, Süßholz, Kümmel oder Nelken. Auch gut zu wissen: Der Anis gehört zu den eher bitteren Zutaten und verleiht unserem Gin in kleiner Beimischung nicht nur Körper, sondern auch ein zumeist als angenehm empfundenes Hintergrundaroma.

Was ist die Schwierigkeit? Sie müssen bei der Verwendung von Anis aufpassen, dass Sie nicht zu viel erwischen. Wenn Sie nicht wirklich einen speziellen Anisgin kreieren möchten, dann passen Sie auf, dass nicht am Ende der Anis die anderen Noten im Gin überlagert. Die Anisnote ist dominant! Sternanis wirkt noch stärker als der normale Anis.

Noch etwas Wichtiges: Anis enthält eine stattliche Menge an ätherischen Ölen, die sich normalerweise nach der Destillation mit Alkohol in Ihrem Gin wiederfinden. Die ätherischen Öle des Anis sind es, die den Pastis oder auch den Absinth nach der Zugabe von kaltem Wasser trüben. Genau so wird sich Ihr Gin eintrüben, wenn Sie zu viel Anis verwenden.

Der Nachteil ist zugleich auch der Vorteil beim Anis. Er lässt sich sehr gut destillieren, mazerieren und kalt ansetzen. Er ist sozusagen eine Aromabombe, und kleine Mengen sind allemal ausreichend. Fast empfiehlt es sich, den Anis nur als Hydrolat in hochprozentigen Alkohol zu mischen und die Beigabe ätherischer Öle gar nicht erst zu versuchen, da ein Tropfen pro Flasche schon zu viel sein könnte.

Bei einem „Distilled Gin" verwenden Sie Anis am besten sehr sparsam und in einer Mischung mit anderen dazu passenden Botanicals, wie Ingwer, Fenchel oder Kümmel, oder mit eher bitteren Botanicals. Nicht vergessen: Weniger ist mehr!

Bockshornklee

Die Samen des Bockshornklees geben deutliche Bitternoten in unser Getränk, verändern sich aber ins Warme und Nussige, wenn man sie vorher leicht anröstet. Bockshornklee ist eine spannende Zutat, die man noch nicht in allzu vielen Ginsorten wiederfindet, aber vielleicht vom Käse oder aus der indischen Küche kennt.

Ich erwähne ihn hier, weil Bockshornklee wegen seines Histidingehaltes auch als Heilmittel verwendet wird und Leberschäden vorbeugen soll. Das passt meiner Meinung nach gut zum Alkohol. Darüber hinaus kann er uns als Anschauungsbeispiel für das Rösten dienen. Viele Samen, Kerne und Nüsse verändern ihr Aroma, wenn wir sie rösten. Was bei Kaffee oder Nüssen bekannt ist und normal erscheint, bewirkt ebenso spannende Veränderungen bei Springkraut oder Brennnesselsamen, um ein paar zusätzliche Pflanzen direkt aus Ihrer Umgebung zu nennen.

Immer wieder spannende Mischungen aus frischen und getrockneten Zutaten.

Früchte

Fruchtige Ginsorten gab es schon immer. Ich beziehe mich dabei nicht nur auf die bekannten und eindeutig benannten, wie den süßen Schlehen- oder ähnliche bunte Ginsorten. Es ist durchaus üblich, einen Gin mit allerlei Fruchtaromen zu veredeln. Interessanterweise liefern unsere Früchte zwar keine ätherischen Öle, lassen sich aber dennoch mit Wasser als aromatisches Fruchtwasser ansetzen, destillieren und mazerieren. Probieren Sie es einfach aus!

Sie sind bei Früchten sehr frei. Die Auswahl ist gigantisch, und je nach Verarbeitung verbreiten sie unterschiedliche Aromen. Denken Sie nur an die Trauben, die vergoren als Wein, destilliert als Weinbrand oder Trester, frisch als Saft oder getrocknet als Rosinen zugesetzt werden könnten. Die Möglichkeiten sind enorm.

In meinem Garten wächst die kleine und zumeist eher unbekannte Felsenbirne, die ich sowohl frisch als auch getrocknet gern bei meinen eigenen Ginsorten verwende. Außerdem nutze ich verschiedene Äpfel, die ich mit Schale klein schneide und mazeriere. Äpfel lassen sich auch gut trocknen, geben dann aber weniger Aromen ab als frisch.

Früchte aus dem Garten, frisch und getrocknet – für ein fruchtiges Aroma.

Beeren sind sehr beliebt, lassen sich ebenfalls getrocknet ebenso wie frisch, als Saft oder gefroren verwenden und bringen teilweise interessante Farben und fruchtige Aromen ins Getränk. Im Wesentlichen lassen sich Früchte gut untereinander kombinieren, die meisten sind (wie auch manche Gemüse) dazu geeignet, einen „Compound Gin" deutlich zu bereichern, und viele lassen sich als sanftes Aroma destillieren und als Destillat einmischen.

Der Vorteil bei den Früchten liegt natürlich auch in der ständigen Verfügbarkeit. Es ist uns in Mitteleuropa ein Leichtes, mehr oder weniger ganzjährig auf gutes Obst zuzugreifen. Allein aus diesem Grund liegt es nahe, sich nach Belieben an den Früchten zu bedienen. Unser Obst verdient einen festen Platz in unserem eigenen Gin, natürlich vor allem dann, wenn Sie fruchtigen Gin bevorzugen. Früchte sind prima kombinierbar mit Blüten und Zitrusaromen, und je nach Vorliebe auch mit tieferen Aromen, etwa der Nelke oder Zimt.

Holz

Verschiedene Holzsorten geben unterschiedliche Aromen und Farben ab, und es lohnt sich in jedem Fall, sich ernsthaft damit zu beschäftigen. Eine typische Verwendung von Holz liegt vor allem in der Veredelung nach der Destillation. Denken Sie nur an die vielen Whisky-, Brandy- und Calvadossorten, die erst durch jahrelange Reifung im Holzfass ihren eigenen Charakter entwickeln. Es ist ohne Weiteres möglich, auch einen fertig gebrannten Gin nachträglich völlig im Geschmack zu verändern und zu veredeln.

Das gemeinhin „beste" Holz zur Fasslagerung ist die Eiche. In den meisten Fällen wird die amerikanische Weißeiche verwendet, aber auch die französische Limousineiche und alle anderen Eichensorten eignen sich hervorragend. Sie benötigen nicht einmal ein Fass, für unsere Zwecke genügt es, Holzspäne oder Kernholzstücke mit in den Ansatz oder später in die Flasche zu geben.

Wichtig ist, dass Sie das Holz nicht zu lange einwirken lassen. Es könnte relativ schnell den gewünschten Effekt der Veredelung verdrehen und zu einem adstringierenden, holzig-billigen Gesamteindruck führen. Probieren Sie es mit kleinen Mengen, vielleicht einem Teelöffel je Flasche. Die Einwirkzeit sollte kaum mehr als ein paar Tage betragen, am besten verkosten Sie täglich und prüfen, ob es zu viel wird.

Sie können spezielle Eichenholzchips in Fachhandel kaufen. Eichenholz wird in naturell ebenso wie in dunklen und stark gerösteten Variationen auch in kleinen Mengen für den Hobbybereich angeboten. Die dunkleren Sorten verändern Farbe und Aroma schnell und deutlich und sollten in einem Gin eher vorsichtig verwendet werden, damit sie die fein-harzigen Wacholdertöne nicht überlagern oder verändern.

Verschiedene Holzsorten in Korn als Aromasammlung und zum Imitieren von Fasslagerung.

Spannend ist die Verwendung frischer, selbst gesammelter Holzsorten. Allen voran das teilweise sehr aromatische und perfekt zum Gin passende Wacholderholz, welches sich oft sehr harmonisch einfügt. Ideal in Kombination mit waldigen, zitronigen und erdigen Aromen.

Weitere bekannte Holzsorten zur Veredelung eher heller Spirituosen sind Kirsche, Birne und mein persönlicher Favorit, die Maulbeere. Falls Sie ein Stück Maulbeerbaum ergattern können, probieren Sie es einfach aus. Das Kernholz gibt eine prima goldene Farbe und ein feines zusätzliches Aroma.

Ingwer

Ich persönlich liebe Ingwer als Tee, in einer Mischung aus grob geschnittener Zwiebel, viel Knoblauch und Ingwer angebraten in einer Pfanne und als Grundzutat in allerlei eher asiatischen Gerichten. Im Gin möchte ich das aber nicht unbedingt herausschmecken.

Ingwer gehört zu den Botanicals, die einen Gin bereichern und in Verbindung mit Zitrus oder pfeffrigen und bitteren Botanicals gut harmonieren. Oft werden wir den Ingwer eher als Mischgrundlage in einem „Ginger Beer" oder „Ginger Ale" antreffen, als dass wir unseren Gin selbst deutlich mit Ingwer würzen. Da er oft in Mixgetränken, wie zum Beispiel dem leckeren „Moscow Mule", Verwendung findet, ist es nur logisch, dass er trotzdem auch im Gin selbst seinen Platz beansprucht und bei Ihren Experimenten nicht fehlen sollte.

Ingwer ist eine „dankbare", starke, gesunde und innerlich wärmende Pflanze, die sich gut verarbeiten und in vielen Ginsorten finden lässt. Ingwer können wir sowohl getrocknet als auch frisch verarbeitet und mit Wasser ebenso wie mit Alkohol destillieren und mazerieren. Im frischen Ingwer sind deutlich mehr ätherische Öle und fruchtigere Komponenten enthalten als im getrockneten.

Nutzen Sie Ingwer am besten nur in eher kleinen Mengen und in einer Mischung mit anderen Botanicals. Das ätherische Öl ist leicht flüchtig und harmoniert hervorragend mit Zitrone, Orange, Zitronengras und allerlei frischen oder belebenden Mixturen.

Probieren Sie es aus! Ingwer macht Spaß, ist gesund, wirkt aphrodisierend und schafft gute Laune.

Iriswurzeln

Bei der eigentlich für unseren Gin wichtigen Iris habe ich mich leider schwer getäuscht. Ihre Wurzeln kann man im Fachhandel in guter Qualität kaufen, und ich dachte zunächst, es sei einfach, auch ein ätherisches Öl zu destillieren. Mir ist es nicht gelungen. Bei meinen späteren Recherchen musste

Gemischte Botanicals und Aromen für meinen „Compound Gin".

ich erkennen, dass die Wurzel extrem wenig ergiebig ist und ihr Öl daher eines der teuersten ätherischen Öle überhaupt.

In den meisten Fällen wird das ätherische Öl mit Lösungsmitteln (Hexan) ausgelöst und dann stark verdünnt. In einer 1%igen Lösung mit Alkohol wird es zu immer noch stolzen Preisen verkauft. Für unseren mit ätherischen Ölen gemischten Gin ist die Iris deswegen leider nicht optimal geeignet. Sie dürfen sich gern trotzdem ein Fläschchen Irisöl beschaffen, um den Duft zu erkennen und in allerfeinsten Beimischungen in ihren Gin zu übertragen. Eigentlich ist die Iris eine wundervolle Pflanze mit ebenso wundervollem Aroma.

Die Iriswurzel (nicht die Blüte!) gehört in den Gin wie kaum eine zweite Pflanze. Glücklicherweise ist sie zur Herstellung von eigenen Hydrolaten und Mazeraten ebenso wie für kalt angesetzte Ginvarianten und für Destillationen direkt aus dem Kessel heraus dann doch ganz gut geeignet, und ich würde Ihnen schon empfehlen, sich einen kleinen Vorrat an getrockneter Iriswurzel anzulegen. Die ist überall in guter Qualität zu normalen Preisen zu beschaffen.

Die Iriswurzel verbreitet ein äußerst feines Aroma, welches pur verkostet fast schon an Gin erinnert. Wie beim Kardamom, unserem nächsten Botanical, und der Angelica ist es weniger das der Iris eigene Aroma, auf das wir abzielen, es ist die wunderbare Eigenschaft, andere Aromen zu untermalen und untereinander zu harmonisieren. Die Iris verbindet allerlei Kräuter und blumige Aromen zu einem fulminanten Gesamteindruck, sodass wir sie nicht missen möchten und ihr gern in jedem Gin einen Platz anbieten.

Ich habe mir ein Fläschchen Iriswasser geleistet und sprühe gelegentlich etwas davon auf meine Eiswürfel, bevor ich einen eigenen Gin darübergieße. Beim Gin ist alles erlaubt, und natürlich darf man den Gin auch noch im Glas bereichern.

Kardamom

Kardamom darf bei den wichtigsten Botanicals nicht fehlen. Er wird im Indischen zu Recht „Königin der Gewürze" genannt und war von Anbeginn der Ginzeiten ein klassisches Gingewürz. Auch interessant: Er kann in zwei völlig unterschiedlichen Variationen beglücken.

Als Schwarzer Kardamom liefert er „Körper" im Gin, stellt eine gute Basis für würzig anmutende, erdige Ginsorten und harmoniert mit würzigen, deftigen und vielleicht weihnachtlichen Zutaten wie Orange, Zimt und Nelken. Sie werden es lieben.

Der Grüne Kardamom ist nach dem Safran eines der teuersten Gewürze dieser Welt, was uns nicht abschrecken sollte, ihn am besten am Stück, also komplett mit seinen grünen Kapseln, zu beschaffen. Glücklicherweise müssen wir ihn bei der Ginherstellung nicht einzeln schälen, um an die wertvollen Samen im Inneren zu gelangen. Wir können die Kapseln am Stück verarbeiten oder sie brutal mit einer Mühle oder mit dem Pürierstab im Mazerat schreddern. Zwei Intensitäten. Probieren Sie es aus.

Der Grüne Kardamom ist leicht im Gewürzhandel zu finden, vermutlich auch, weil er von alters her spätestens bei der Weihnachtsbäckerei auch in unseren Breiten dazugehörte. Aus der arabischen Küche ist er nicht wegzudenken.

Kardamom gehört zu den lange nachschmeckenden Grundaromen, dem „Körper" in einem Gin. Es genügen normalerweise kleine Beigaben für einen stabilen Unterbau. Sie müssen den Preis nicht fürchten, bei den kleinen Mengen, die wir für unseren Gin benötigen. Ich empfehle Ihnen, sich gleich zu Anfang eine passende Menge Kardamom zu beschaffen und ihn bei Ihren Experimenten zu berücksichtigen.

Koriander

Koriander ist, wie schon eingangs erwähnt, die wichtigste Grundzutat neben dem Wacholder, ein echter Klassiker, und darf eigentlich in keinem Gin fehlen. Vom Koriander verwenden wir in der Regel die getrockneten Samen, die Sie überall in guter Qualität als Küchengewürz kaufen können.

Auch interessant: Das zarte grüne Korianderkraut verliert sein ursprüngliches frisches, für unseren Gaumen eher ungewohntes und nicht immer beliebtes Grundaroma beim Trocknen und Kochen. Beim Destillieren und Mazerieren der getrockneten Samen treten an seiner Stelle tiefer „versteckte" ätherische Öle mit aromatischen Inhaltsstoffen, wie Geranium, Thymol oder dem zitronigen Lineol, hervor, die wir gern in unserem Gin mögen.

Merken Sie sich eines: Koriander ist eine Superzutat für Ihren Gin und fast schon allein in Verbindung mit Wacholder in der Lage, Ihre perfekte Gingrundlage zu bilden.

Koriandersamen spielen in Ihrem Gin eine wichtige Rolle zur Unterstützung der verschiedenen Zitrusaromen. Koriander beinhaltet selbst schon fast alle Aromen, die wir in einem guten Gin erwarten, bringt seine eigentlichen „Superkräfte" aber erst in Verbindung mit Zitronenschalen oder anderen Zitrusnoten zur Geltung. Koriander hebt und bewahrt feinste Zitrusaromen und führt sie in Kombination über unseren Geruchssinn perfekt bis an unseren Gaumen. Koriander und Zitrus gehören in einem Gin unbedingt zusammen. Fast würde ich sagen: „Ohne Koriander geht es nicht!", so wichtig sind seine unterstützenden Eigenschaften in Verbindung mit Gin und Zitrusaromen.

Probieren Sie es aus! Sie sollten sich unbedingt Koriandersamen besorgen. Gern darf es sogar etwas mehr sein. Koriander kann als tragende Hauptzutat durchaus in größeren Mengen zugegeben werden.

Kubebenpfeffer

Diese außergewöhnliche Pfeffersorte aus Indonesien eignet sich allein schon aufgrund ihres hohen Gehaltes an ätherischen Ölen von bis zu 18 % hervorragend zum Ansetzen und Destillieren in unseren Gin. Das zunächst eher seifige, aber nach der Verarbeitung leicht nach Eukalyptus schmeckende, warme und sanft pfeffrige Aroma lässt sich gut in den Gin übertragen und harmoniert hervorragend in allen würzigen Grundmischungen.

Im Gegensatz zum normalen Pfeffer kann man den Kubebenpfeffer gut an den kleinen

Stielen am Ende der Pfefferkörner erkennen und unterscheiden. In der Küche schmeckt er an mancher Stelle für unsere Sinne etwas ungewohnt, im Gin spielt er aber doch eine große Rolle und gehört zu den Botanicals, die oft und gern verwendet werden.

Kubebenpfeffer verträgt sich hervorragend mit allen Zitrusarten ebenso wie mit erdigen und typisch-kräftigen Gewürzaromen wie Nelken oder Piment. Kubebenpfeffer ist in überraschend vielen Ginsorten vertreten, wenn man mal die Botanicals der Ginhersteller studiert. Die Schärfe wird übrigens, wie auch beim Schwarzen Pfeffer, nicht mit in das Destillat übernommen. Es bleibt der weiche, warm-würzige Grundton, den wir bei vorsichtiger Zugabe gern in unserem Gin schmecken.

PS: Natürlich können wir auch alle anderen Pfeffersorten für unseren Gin benutzen. Ich persönlich halte beispielsweise den Langpfeffer für sehr spannend. Er gehört zu meinen Lieblingspfeffersorten und eignet sich gut für allerlei Experimente und vielleicht sogar zum Knabbern.

Lavendel

Manche lieben ihn, andere hassen ihn. Der Duft kann entspannen, und eine leichte Lavendelnote passt gut in blumige oder krautige Ginsorten. Lavendel harmoniert wunderbar mit allerlei Zitrusnoten, ebenso mit würzigen Kräutern und Vanille oder Tonka. Mit Orange wird es heimelig, mit Zitrone eher belebend.

Lavendel ist eine der Lieblingspflanzen aller Destillateure, denn er kann unkompliziert verarbeitet werden und gibt beim Destillieren meistens gute Mengen an ätherischen Ölen und kräftige Hydrolate ab. Die ideale Pflanze zur Dampfdestillation im Aromakorb oder in der Aromakolonne. Sie werden den Lavendel schätzen, sobald

Lavendel wächst fast überall und lässt sich leicht verarbeiten.

Sie ihn selbst destillieren, selbst wenn Sie seinen Duft oder Geschmack nicht mögen. Lavendel macht Spaß.

Am besten verwenden Sie getrocknete Blüten, da diese ihr Aroma am ehesten preisgeben. Durch das Trocknen brechen die Zellen etwas auf, das ätherische Öl hängt dann sozusagen schon an der Oberfläche und wartet nur noch darauf, von Ihnen mittels einer Destillation eingesammelt zu werden. Lavendel lässt sich gut selbst pflanzen, ernten und trocknen und ist in guter Bio-Qualität überall relativ günstig sowohl als frische Pflanze als auch als getrocknete Blüten, Hydrolat oder als ätherisches Öl zu kaufen.

Mein Tipp: Lavendel gehört in jede Aromasammlung, sollte aber sehr sparsam verwendet werden. Ein Milliliter vom ätherischen Öl entspricht etwa 25 Tropfen. Oft genügt schon ein einziger Tropfen pro Liter. Lavendel soll den Gin ergänzen und nicht dominieren. Beim Gin-Workshop der

Mit der Tochter und dem Schwiegersohn auf Aromafang in Spanien: Schopflavendel, der milde wilde Lavendel des Südens.

„Destillatiere"[4] mit Anja und Marc in Aurich 2021 waren sich die Teilnehmer einig, dass der Gin mit einem zusätzlichen, aber unauffälligen Hauch Lavendel deutlich in seiner Gesamtheit gewann.

Übrigens: Wir kennen fast 40 verschiedene Arten. Nicht alle sind bei uns zu finden. Lavendel ist nicht winterhart. Manche Arten, wie der Schopflavendel, sind sanfter und weniger aufdringlich im Aroma. Probieren Sie es einfach aus.

Nadelbäume

Die vielseitigen harzig-waldigen Aromen unserer Nadelbäume landen seit einigen Jahren zunehmend auch im Gin. Einige neuere Sorten, wie der „Needles" oder die hessische „Ursel", bauen auf die regionale Würzkraft unserer heimischen Fichten. Warum auch nicht? Unsere Nadelbäume sind nicht nur höchst aromatisch, leicht zu sammeln und obendrein noch einfach zu verarbeiten, ihr Duft stößt bei den meisten von uns auch tiefe, meist angenehme Erinnerungen wach und lädt zum „Waldbaden" ein.

Die Fichte gehört vermutlich zu den am häufigsten verwendeten Nadelbäumen. Wir genießen sie seit Generationen als Badezusatz[5] oder in Alkohol als Einreibemittel gegen müde Beine. Sie hat sich ihren Platz in unseren eigenen Ginkreationen schon lange verdient, vor allem, wenn Sie – wie ich – in einer Waldlandschaft wohnen.

Bei Nadelbäumen gehe ich aber noch viel weiter. Wir haben letztes Jahr unseren Weihnachtsbaum destilliert und ein schönes Nordmanntannen-Hydrolat sowie ein wenig Öl gewinnen können. Was spricht gegen einen Weihnachtsgin? Der Duft kann tatsächlich auch noch Monate später die weihnachtliche Stimmung inklusive aller Erinnerungen wiedergeben.

Seit einigen Jahren leiste ich mir den Luxus, immer eine kleine Destille mit in den Urlaub zu nehmen. Es lohnt sich, denn ich kann nun auch auf schwedischen und spanischen Wacholder sowie auf Pinien- und

4 Die „Destillatiere" mit Anja, Marc, Christian und meiner Wenigkeit veröffentlichen unter destillatiere.de jeden Freitag eine neue Folge ihres Podcasts mit spannenden Themen aus der Welt des Destillierens.

5 Für Sie zum Selbstmachen: mit Wasser destillieren, Salz im Destillat auflösen und das Ganze sanft wieder trocknen.

Jedes Jahr aufs Neue? Ein Destillat vom Weihnachtsbaum.

Unser Souvenir aus dem Urlaub: Kiefern- und Piniendestillate für die Sammlung.

Kiefernaromen zurückgreifen. Selbst Algen und Eukalyptus gehören mittlerweile in meine Urlaubssammlung, auch wenn das natürlich keine Nadelbäume sind.

Die meisten Nadelbäume sind an den jungen Trieben, an den Zapfen, den Nadeln und den Harzen relativ ölhaltig und entsprechend leicht zu verwenden. Die Aromen können einzeln angesetzt und destilliert werden, wie etwa der Zirbenschnaps aus Österreich. Die Nadeln lassen sich auch gut mazerieren und ansetzen. Probieren Sie es aus, vielleicht werden Sie beim nächsten Waldspaziergang die Bäume mit ganz anderen Augen betrachten und sie nicht nur beschnuppern, sondern sie „im Geiste“ oder, besser gesagt: „im Geist“ schmecken wollen.

Nadelbäume harmonieren im Wesentlichen gut untereinander, ebenso mit zitronigen, blumigen, waldigen und erdigen Botanicals.

Nelken

Nelken in kleinster Menge unterstützen auf wunderbare Weise das Aroma von echter Vanille und erzeugen ein Ambiente des Wohlbefindens. Ich persönlich liebe die Nelke sehr, auch weil sie extrem ölhaltig ist und im Aroma gut mit allerlei würzigen Mischungen harmoniert. Sie passt gut zu Zitrus- und nussigen Aromen.

In Kombination mit Orange, Piment oder Zimt wird es schnell stimmungsvoll weihnachtlich und erinnert an schöne Tage oder Glühwein. Möchten Sie sich an einem weihnachtlichen Glühweingin versuchen? Die Nelke gehört dazu.

Die Nelke bietet ein Aroma, das eigentlich fast jeder mag. Nimmt man zu viel, wird es medizinisch und desinfizierend und kann mit anderen desinfizierenden Aromen, wie Pfeffer oder Thymian, tatsächlich auch medizinisch verwendet werden, beispielsweise als Mundwasser. So mancher Zahnarzt arbeitet mit Nelken zum Desinfizieren und zum Schmerzstillen. Seien Sie gewarnt: Nelkenöl ist extrem stark und zeigt eine deutliche betäubende Wirkung. Sie sollten es nicht unverdünnt verkosten.

Getrocknete Nelken können Sie überall nicht zu lange gelagert und in guter Qualität erwerben. Aufgrund des hohen Ölgehaltes sind sie unkompliziert auch als separates Aroma zu destillieren oder als Konzentrat zu verwenden.

Eine Besonderheit ist Nelkenöl auch aufgrund seiner auffälligen Eigenschaften. Wenn Sie es durch Wasserdampf destillieren, schwimmt es nicht – wie die meisten anderen ätherischen Öle – obenauf, sondern sinkt gut sichtbar und dunkelbraun im zunächst milchigen Hydrolat nach unten.

Warnung: Nelkenöl ist extrem intensiv und hautreizend. Auch das Hydrolat ist noch sehr kräftig im Aroma und in der Wirkung. Trotzdem: Nelken sind eine Freude in jedem Gin, Sie dürfen nur nicht zu viel davon verwenden.

Nelken sind so ergiebig, dass man sogar in einer Halbliter-Destille brauchbare Mengen an ätherischem Öl und Hydrolat gewinnen kann.

Nüsse

Nüsse sind eine großartige Zutat mit feinem Aroma, die wir uns unbedingt näher ansehen sollten. Ich denke in erster Linie an Mandeln, die wir sowohl in süß als auch in bitter kennen und die bereits in viele Ginsorten Einzug gehalten haben. Mandeln eignen sich gut in harmonischen, süßlichen Zusammenstellungen mit Vanille oder Rose, können aber auch bei allerlei würzigen, weihnachtlichen oder erdigen Mischungen das Aroma deutlich verfeinern.

Ich selbst liebe Haselnüsse und deren Aromen ganz besonders, und zwar nicht nur, weil sie direkt vor meiner Haustür wachsen. Meistens sind Eichhörnchen und Würmer beim Sammeln schneller als ich, und ich muss sie doch kaufen. Die Haselnuss ist eine bekannte Nuss für leckere Geiste, die mir meistens sehr angenehm munden. Warum sollte man diese feine Harmonie nicht in den Gin übernehmen? Haselnüsse können sowohl frisch und grün als auch völlig ausgereift verwendet werden und eignen sich ebenfalls sehr gut für allerlei Kaffee- und Kakaomischungen.

Ähnlich ist die Walnuss zu nutzen, auch wenn ihre Aromen schon ins Bittere gehen. Nüsse können auch geröstet oder karamellisiert verwendet werden, was das Aroma nochmals verändert. Viele Nussschalen, wie zum Beispiel die der Walnuss, eignen sich auch zur Farbgebung und können gemeinsam, aber auch allein zum Färben und Aromatisieren verwendet werden, wie zuvor schon die Hölzer.

Wir kennen viele verschiedene Nüsse und deren Zubereitungsarten. Hier liegt ein sehr großes Feld, welches uns noch reichlich Spielraum für eigene Entdeckungen lässt. Denken Sie nur an Eicheln oder Bucheckern, die sich je nach Gegend einfach einsammeln und hervorragend verwenden lassen. Nüsse sind toll und vielseitiger, als man auf den ersten Blick annehmen möchte.

Orange

Die Orange ist vielleicht unser aller Liebling. Im Gegensatz zu den anderen Zitrusfrüchten wirkt sie auf uns eher wärmend und verbreitet eine gemütliche Stimmung. Der Duft erinnert uns an Winter, Urlaub und die Weihnachtszeit und passt entsprechend prima zu Zimt, Nelken, Piment und all den anderen weihnachtlichen und herzlichen Aromen. Ebenso gut harmoniert sie mit anderen Zitrusfrüchten, mit pfeffrigen und erdigen Aromen sowie mit allerlei Hölzern und Nadeln. Es lohnt sich immer eine Ginmischung auch mit einem zusätzlichen Hauch von Orange zu versuchen. Das Warme der Orange kann die Grundstimmung einer Ginmixtur im Gegensatz zur Zitrone oder Limette deutlich verändern und vom eher frischen, sommerlichen Eindruck hin ins Kuschelige oder Winterliche wandeln.

Die Aromen für unseren Gin sitzen als ätherische Öle direkt in der Außenschale und spritzen uns schon beim Schälen direkt unter die Nase. Gewerblich werden die ätherischen Öle frisch aus den Schalen gepresst. Eine einfache Methode, die den Preis für Orangenöl relativ günstig hält. Wir können die ätherischen Öle auch abdestillieren, vorausgesetzt, uns stehen genügend Schalen zur Verfügung; sie gehen aber auch gut in Alkoholmazerate und in alle Alkoholdestillate über.

Ich möchte Ihnen an dieser Stelle unbedingt die Verwendung von unbehandelten Früchten in Bio-Qualität empfehlen. Man kann nie wissen, mit was die Schalen behandelt wurden, wie sich das im Alkohol verhält und ob es uns am Ende vielleicht doch schadet.

Noch etwas: Im Gin werden zumeist getrocknete Zitrusschalen verwendet. Es ist relativ einfach, getrocknete Orangenschalen granuliert oder in Streifen geschnitten als Grundlage für unseren Gin zu kaufen. In meiner Küche haben getrocknete Orangenschalen schon lange einen festen Platz. Die getrockneten Schalen haben einen wesentlich niedrigeren Gehalt an ätherischen Ölen, bieten aber dafür leichte Bitternoten, wie sie bei frischen Zitrusfrüchten eher im Inneren, den weißen Teilen der Früchte, stecken.

Für einen Gin aus frischen Orangenschalen empfehle ich Ihnen, nur den äußeren Teil der Schalen zu verwenden, damit das Ergebnis nicht zu bitter wird. Den Saft pressen Sie lieber vorher ab und geben ihn später separat dazu, falls Sie einen süßen Orangengin herstellen möchten.

Hier wird gearbeitet! Eine schöne Zusammenstellung für einen neuen Gin. Es macht Spaß, alles bereitzulegen und aufzustellen. Für mich sind Fotos auch ein guter Ersatz für Notizen.

Pfeffer

Pfeffer ist eine großartige und ebenso vielseitige Grundzutat, die Sie in jedem Fall ausprobieren sollten, auch weil sie für uns leicht verfügbar ist. Spannend am Pfeffer ist, dass es gar nicht seine Schärfe ist, die wir später im Gin schmecken, sondern seine erdige Wärme. Die Schärfe verliert sich je nach Verarbeitung.

Pfeffer ist stark ölhaltig, das ätherische Öl selbst ist aber – vielleicht unerwarteterweise – nicht scharf. Wenn wir fertig gemahlenen Pfeffer kaufen, verliert sich das ätherische Öl schon lange, bevor wir unsere Speisen damit würzen. Es bleibt fast nur die Schärfe. Der eigentliche wohlige Pfeffergeschmack verfliegt. Aus diesem Grund wird in der Küche fast immer die Verwendung von frisch gemahlenem Pfeffer empfohlen. Ich empfehle zusätzlich, auf Bio-Qualität zu achten.

Pfeffer lässt sich gut und einfach selbst destillieren, benötigt aber eine relativ lange Reifezeit, damit seine wertvollen Aromen sich verbinden und hervortreten können. Das ätherische Öl lässt sich gut tropfenweise verwenden und relativ günstig zukaufen. Ganze Körner sollten wir vor dem Ansetzen oder Destillieren leicht mörsern oder schroten, um ein deutlicheres Aroma oder einen besseren Ertrag zu erzielen.

Rosenblätter sollten idealerweise im Morgengrauen eingesammelt und frisch verwendet oder eingefroren werden.

Rose

Die Rose dürfen wir im Gin nicht unterschätzen. Sie ist nicht unbedingt eine Standardzutat, dennoch für uns Hobbydestillateure sehr gut erreichbar und vielseitig einsetzbar. Als Botanical wirkt sie sowohl sinnlich als auch beruhigend, harmonisiert bei sanfter Beigabe andere lieblich-herzliche Mischungen und passt gut zu allen floralen und harmonisch-weichen oder eher vanilligen Mischungen. In manchen Ansätzen mit überwiegend warmen Aromatönen, wie Pfeffer oder Schwarzkümmel, wird die Rose aromatisch aufregend, und zu Zitronigem kann sie sich auch noch gut sehen lassen.

Lieblich, duftig, blumig, entspannend und aphrodisierend: Die Rose darf gern dazu.

Probieren Sie es einfach aus. Die Rose ist oft eine großartige Bereicherung, und es ist ein Leichtes, viele schöne, romantische Storys rundherum zu entwickeln.

Wichtig zu wissen: In fast allen Fällen wird die Damaszener-Rose verwendet. Sie ist die Duftrose schlechthin und bietet entsprechend mehr ätherische Öle als andere Sorten. In Mazeraten und angesetzten Gins können Sie durchaus auch andere Sorten benutzen, und sei es nur zur Farbgebung oder für die Geschichte dazu.

Wenn Sie die Rose selbst destillieren möchten, wird es etwas schwieriger, und auf ätherische Öle sollten Sie dann nicht abzielen. Ein kräftiges Hydrolat oder Rosenwasser können Sie durchaus auch selbst herstellen oder im Fachhandel kaufen. Rosenwasser gibt es in guter Lebensmittelqualität überall im gut sortierten Fachhandel oder in allen arabischen oder türkischen Feinkostgeschäften.

Das ätherische Öl ist dagegen leider relativ teuer, aber gut für unsere Zwecke geeignet. Tropfen für Tropfen. Oft lassen sich auch getrocknete Rosenblätter kaufen. Ich würde Ihnen empfehlen, Rosenblätter einfach frisch zu ernten und ebenso frisch zu benutzen – oder, ein kleiner Geheimtipp, einzufrieren, bis Sie sie benötigen.

Schwarzkümmel

Schwarzkümmel ist für mich eine faszinierende Pflanze, seit ich ihn kenne. Ich liebe ihn in selbst gebackenem Brot und mag das eigenartige, für uns zunächst ungewohnte Aroma sehr. Man sagt, Schwarzkümmel könne jede Krankheit heilen, bis auf den Tod selbst. Ich kann nicht beurteilen, ob es stimmt, aber Schwarzkümmel ist einfach und günstig zu beschaffen, und es lohnt sich, ihn in eigenen Mischungen zu probieren.

Wichtig zu wissen: Schwarzkümmel können wir als Samen kaufen, aber auch als Öl, und hier liegt ein feiner Unterschied, denn das „fette" normale Speiseöl schmeckt zwar lecker, ist gesund und enthält auch reichlich ätherische Öle, ist aber für unseren Gin nicht geeignet. Bitte achten Sie beim Einkaufen darauf, dass Sie ein ätherisches Schwarzkümmelöl bekommen. Das ist dann komplett löslich in Alkohol und verteilt seine einzigartigen Aromen fein in Ihrer Mischung.

Sie können Schwarzkümmelsamen auch mazerieren und destillieren. Ich empfehle Ihnen, für ein intensiveres Aroma die Samen zuvor mit einer Mühle etwas aufzubrechen. Für mich überraschend neu und lecker waren Mischungen aus Schwarzkümmel, Mandeln und Rose; das Aroma passt aber auch gut zu anderen erdigen, würzigen und krautigen Grundrichtungen.

Nehmen Sie nicht zu viel, der Eigengeschmack sollte nicht zu deutlich hervortreten und wird von vielen Menschen sogar als unangenehm empfunden.

Süßholz

Mögen Sie Lakritze? Wenn nicht, sollten Sie sich trotzdem etwas Süßholz bereithalten. Es ist sehr intensiv beim Ansetzen, und Sie müssen aufpassen, dass Sie nicht zu viel zugeben, solange Sie nicht wirklich speziell das Lakritzaroma hervorheben möchten.

In kleiner Beimischung ist Süßholz eines der am häufigsten verwendeten Botanicals, und wir können es in vielen verschiedenen Ginsorten wiederfinden. Das liegt nicht nur am eigenen Aroma, sondern auch daran, dass schon ein Hauch Lakritze einen trockenen Eindruck vermittelt. Trotz des „süßen" Namens ist es nicht möglich, die Süße zu destillieren. Süßholz ist eine der wichtigsten Zutaten in jedem „Dry Gin". Merken wir uns: Lakritze verschafft uns ein „extra dry“ Erlebnis.

Süßholz lässt sich geschnitten oder in Stücken im Kräuterfachhandel beschaffen und gut für alle Ansätze und Destillate verwenden. Ein ätherisches Öl können wir nicht herstellen und auch kaum käuflich erwerben. Es ist aber möglich, ein Hydrolat zu destillieren und später mit hochprozentigem Alkohol zu vermischen. Ebenso lässt sich Süßholz mit Alkohol destillieren, was zu einem deutlich feineren Aroma führt. In kalt ebenso wie in heiß angesetzten „Compound Gins“ kann das Lakritzaroma schnell zu stark dominieren. Lakritze passt gut zu allerlei Samenpflanzen, wie Anis, Fenchel oder Kümmel, ebenso zu eher süßeren und kräftigen Sorten. Probieren Sie es aus, vielleicht werden Sie überrascht sein, wie Lakritze einen Gesamteindruck heben, aber auch zerstören kann.

Die Hauptzutat für unseren Gin: jeweils 20 Gramm ganze Zapfen, grob zerschnitten und fein vermahlen. Das Aroma ändert sich!

Der windgepeitschte wilde Wacholder an der spanischen Küste lädt zum Ernten ein.

Wacholder

Eigentlich müsste der Wacholder unter den Botanicals an erster Stelle stehen, er ist immerhin die einzige Zutat außer dem Alkohol, die wirklich in einem Gin enthalten sein muss und herauszuschmecken sein soll. Wie eingangs bereits beschrieben, kennen wir viele verschiedene Sorten und können ihn nahezu überall in verschiedenen Formen und Arten finden.

Falls Sie gelegentlich auf Reisen sind, achten Sie darauf: Der Wacholder wird in Richtung Norden kleiner und aromatischer, währen die Zapfen in Richtung Süden größer, aber trockener wirken. Das Aroma unterscheidet sich.

Es ist möglich, extrem und vielleicht sogar schockierend harzige Wacholderschnäpse zu brennen, und es ist legitim, auch die struppigen Nadeln oder harzigen Äste mitzuverwenden, um das Aroma in einem Gin zu beeinflussen. Am Wacholder schmeckt sogar das Holz noch lecker.

Im Wesentlichen empfiehlt es sich für eine hochwertige und konstant verlässliche Qualität aber eher, sich damit anzufreunden, die Wacholderbeeren im Fachhandel Ihres Vertrauens zu kaufen. Wacholder ist günstig auch in größeren Mengen zu erhalten, und mit hoher Wahrscheinlichkeit erzielen Sie ansprechendere Noten in Ihrem Gin, wenn Sie bei der Hauptzutat für unseren Gin nicht zu extrem von den Erwartungen der meisten Ginenthusiasten abweichen.

Zitrone und andere Zitrusfrüchte

Eigentlich hätte ich alle Zitrusfrüchte gern in einem Absatz zusammengefasst, es war mir aber ein Anliegen, wenigstens die Orange separat zu behandeln. Während nämlich die meisten Zitrusfrüchte eher erfrischende, belebende oder konzentrationsfördernde Eigenschaften anbieten, ist die Orange eher sanft, warm und beruhigend. Diesen Unterschied empfinde ich als wichtig und möchte ihn deswegen hier nochmal hervorheben.

Ein Gin ohne Zitrusfrüchte ist eigentlich kaum vorstellbar. Fast immer werden getrocknete Schalen mazeriert und später destilliert, auch wenn immer mehr Brennereien neue Wege gehen und ganze Früchte oder frische Schalen verarbeiten. Frische Schalen enthalten die ätherischen Öle, die sich beim Trocknen teilweise verlieren, und sollten idealerweise durch Dampf destilliert werden. Getrocknete Schalen dagegen wären in einem Mazerat besser aufgehoben, weil sich die zusätzlichen, eher bitteren Aromen der Schalen so besser auslösen.

Alle ätherischen Zitrusöle sind relativ günstig zu beschaffen und eine echte Bereicherung für unsere selbst angesetzten „Compound-Gin"-Sorten. Es lohnt sich, wenn Sie sich eine kleine Sammlung anlegen und die typisch zitronigen, wie Grapefruit, Limette, Bitterorangen etc., zum Vergleichen als ätherische Öle in Ihre alkoholischen Grundlagen tropfen.

Wenn Sie lieber destillieren, dann können Sie die getrockneten Schalen in bester Bio-Qualität im Fachhandel einkaufen. Für frische Schalen kaufen Sie einfach ganze Früchte in unbehandelter Bio-Qualität und nutzen die frische äußere Schale im Aromasieb oder in der Dampfkolonne Ihrer Destille. Wie zuvor bei der Orange entfernen Sie den weißen Teil der Schale, denn dieser enthält überreichlich bittere Aromen; diese könnten die Frische in Ihrem Gin überlagern und das Aroma negativ verändern. Die ätherischen Öle, auf die es ankommt, sitzen im äußersten Millimeter der Schale.

Zur Unterstützung und zur weiteren Lektüre nahelegen möchte ich Ihnen das 2018 ebenfalls im Leopold Stocker Verlag erschienene wunderbare Buch „Gin, Bitter, Wermut. Botanicals, Herstellung, Genuss", in welchem Alois und David Gölles die wichtigsten Botanicals nochmals ansprechend und aus profesioneller Sicht thematisieren sowie die gewerbliche Herstellung von Gin erklären. Ihr Buch wäre eine gute Ergänzung zu diesem hier.

„Alle geistige Berührung gleicht der Berührung eines Zauberstabs. Alles kann zum Zauberwerkzeug werden." (Novalis)

Oft verwendete Kräuter und Gewürze im Gewürzregal meiner Küche.

ZUCKER

„Igitt!“, rufen die Puristen. „Lecker“, sagen die anderen. Am Zucker scheiden sich die Geister wie bei kaum einer anderen Zutat. Ist das erlaubt? Ist das gesund? Muss das sein?

Invertzuckersirup lässt sich einfach und in beliebiger Menge selbst herstellen und aufbewahren.

ES BLEIBT IHRE ENTSCHEIDUNG!

Um es kurz zu halten: Nur Sie selbst wissen, was Sie mögen, und müssen entscheiden, ob Zucker bei Ihnen dazugehört oder lieber doch nicht. Für einen „Dry Gin" brauchen wir keinen Zucker, jedenfalls nicht, wenn wir ihn pur genießen. Bei etlichen Mischgetränken gehört ein kräftiger Spritzer Zuckersirup dennoch dazu, um ein harmonisches Ganzes zu erzeugen – je nach Geschmack mehr oder weniger.

Wichtig zu wissen: Zucker ist ein Phänomen, er löst sich nämlich nicht einfach so durch Verrühren im Alkohol, jedenfalls nicht, wenn wir im hochprozentigen Bereich arbeiten. Möchten Sie beispielsweise einen „Sloe Gin" oder einen „Old Tom" herstellen, dann brauchen Sie löslichen Zucker und sollten, wie bei den anderen Zutaten, rechtzeitig dafür sorgen, dass er bereitsteht. Sie brauchen Zuckersirup!

Zucker ist nicht gleich Zucker! Wir kennen unseren Haushaltszucker, die Saccharose, außerdem die Glucose, also den Traubenzucker, und darüber hinaus den Fruchtzucker, die Fructose. In Alkohol gelöst erkennen wir, dass unser einfacher Haushaltszucker im Gegensatz zur Fructose und Glucose ein eher unangenehmes Nebenaroma einbringt. Da er sich ohnehin nur sehr schlecht in Alkohol löst, spalten wir ihn durch einfaches Aufkochen mit etwas Zitronensaft auf. Durch diesen einfachen Prozess erhalten wir einen appetitlicheren Invertzuckersirup, ein Gemisch aus Fructose und Glucose zur späteren Verwendung.

Diese Melange sollten wir beizeiten vorbereiten, in Flaschen abfüllen und für den richtigen Moment, in dem wir etwas süßen möchten, bereithalten. Invertzuckersirup ist sehr lange haltbar, und so lohnt sich die Zubereitung.

Falls Sie Ihren Sirup auf den „letzten Drücker" herstellen, achten Sie bitte unbedingt auf die Temperatur, bevor Sie ihn verwenden. Zucker wird beim Kochen sehr heiß und benötigt danach eine entsprechend lange Ruhezeit zum Abkühlen. Am besten beginnen Sie sofort mit der Herstellung Ihres eigenen Zuckersirups, sofern Sie die Zutaten im Haus haben.

IHR ZUCKERSIRUP: DAS REZEPT

Geben Sie ein Kilo Zucker mit knapp einem halben Liter Wasser in einen großen Topf und rühren Sie mit einem Holzkochlöffel. Bevor es kocht, geben Sie ein paar Tropfen Zitronensaft dazu. Nicht viel; zwei bis drei Tropfen sind genug.

Halten Sie die Mischung zehn Minuten lang auf hoher Temperatur, während Sie vorsichtig rühren. Mit einem Schaumlöffel schöpfen Sie den Schaum ab. Sie wünschen sicher einen klaren Sirup ohne Schaum und Luftblasen. Noch ein kleiner Tipp am Rande: Wenn Sie destilliertes Wasser benutzen, dann wird es kaum Schaum geben.

Danach lassen Sie die Zuckerlösung erkalten, bevor Sie mit kaltem Wasser auf einen Liter auffüllen. Sie erhalten einen ca. 73%igen Invertzuckersirup.

ZUCKERSIRUP ALS GRUNDLAGE

Alternativ können Sie natürlich auch fertigen Zuckersirup kaufen. Im Getränkehandel finden Sie eine große Zahl an weiterverarbeiteten und aromatisierten Siruparten, aber auch klare helle und dunkle Rohrzuckersirupe.

Für den eigenen „Old Tom" empfehle ich Ihnen, den Sirup zum Süßen auf der hier beschriebenen Grundlage aus Haushaltszucker selbst anzufertigen. Im Gegensatz zum braunen oder Kandiszucker färbt unser Zuckersirup nämlich kaum im Getränk.

So steht der fertige Invertzuckersirup im Schrank bereit. Zuckersirup ist die ideale Grundlage für Cocktails und zum Süßen von Likören und Spirituosen.

Am besten wäre es tatsächlich, den Sirup mit destilliertem Wasser anzusetzen, dann sind nicht einmal die Mineralien aus dem Wasser übrig und sie können Ihren „Tom Collins" auch auf die niedrigen 37,5 Vol.-% einstellen, ohne Trübungen durch Mineralstoffe fürchten zu müssen.

Wichtig: Geben Sie Zucker erst ganz am Ende beim Herabsetzen auf Trinkstärke mit in den Gin. Sie können nach der Zuckerzugabe den Alkoholgehalt Ihrer Getränke nicht mehr mit dem Alkoholmeter messen. Der Zucker verändert das spezifische Gewicht Ihres Gins, und das Alkoholmeter zeigt entsprechend falsche Ergebnisse. Es bleibt Ihnen nichts anderes übrig, als die optimalen Mengen für das Abmischen auf Trinkstärke auszurechnen. Glücklicherweise bietet das Internet eine ganze Reihe an Volumenrechnern6, falls Sie nicht selbst ausrechnen möchten, wie viel Sie dazugeben müssen, um auf Ihren gewünschten Alkoholgehalt zu kommen. Vielleicht ist es Ihnen auch einfach egal. Zu Hause müssen wir das nicht genau wissen und auch nicht auf die Flasche schreiben. Wir sind frei. Hauptsache, es schmeckt.

---

6 Online beispielsweise unter schnapsbrennen.at/tools/berechnungen/verduennen/; für Android- und iOS-Smartphones gibt es diverse Apps wie „Calco", den Alkoholrechner der Schweizer Zollverwaltung.

ALKOHOL

Natürlich brauchen wir Alkohol! Wir wissen, unser geliebter Gin war ursprünglich ein mit Wacholder und Kräutern überlagerter, billiger und fuseliger Getreidebrand. Sie können privat immer noch günstig Doppelkorn und Wodka für Ihren Gin einkaufen, auf verschiedene Arten aromatisieren und hochprozentig nachdestillieren. So fuselig wie im 18. Jahrhundert kann die Qualität in unserer aufgeklärten Zeit nicht mehr sein. Jeder industriell hergestellte Korn oder Wodka stammt heutzutage aus der professionellen Brennerei, wurde entsprechend sauber und kontrolliert ausdestilliert und von Fusel und Vorlauf befreit. Jedenfalls ist ein Korn heute der Gesundheit und den Geschmacksnerven wesentlich zuträglicher als anno dazumal.

Der Klassiker: Doppelkorn. Einfach zu beschaffen, nur leider für viele Ansätze nicht hochprozentig genug.

WODKA UND KORN

Dank der fast schon niedrigen Alkoholsteuer vor allem in Deutschland und Österreich können wir eine 0,7-Liter-Flasche im Discounter heute, im Jahr 2022, immer noch für weniger als sechs Euro einkaufen. Davon entfallen etwa 3,50 Euro auf die Alkoholsteuer. Es bleiben demnach weniger als 2,50 Euro für die Flasche, den Verschluss, das Etikett, den Umkarton, den Transport, die Arbeit der Verkäuferin, die Gewinnspanne des Händlers – und den in der Flasche enthaltenen Alkohol.

Sie ahnen es, von edler Qualität oder liebevoller Herstellung kann hier keine Rede mehr sein. Diese Getränke sind nach heutigen Maßstäben sauber ausdestillierte Agrar- oder Industriealkohole, aber nur für erste Experimente oder einfache „Compound Gins“ geeignet. Sie sind die mit Abstand „billigste“ Lösung, wenn Sie etwas Unbekanntes ausprobieren, aber nicht zu tief in die Tasche greifen möchten.

Genießer und Enthusiasten legen Wert auf Qualität und Tradition. Es passt zum Thema, dass man teuer gekaufte Dinge allgemein höher schätzt, besser behandelt und entsprechend vorsichtiger und tiefer genießt. Geben Sie ruhig etwas mehr aus, Ihr Gin wird es Ihnen danken, Sie werden entsprechend umsichtiger damit umgehen, und demgemäß wird er Ihnen besser schmecken.

Korn und Wodka wären die einfachsten und günstigsten Grundlagen für unsere schnellen Experimente.

ALKOHOLMETER

Mit einem Alkoholmeter können Sie jederzeit kontrollieren, ob und wie sich der Alkoholgehalt verändert. Sie sollten wissen, dass Alkoholmeter den tatsächlichen Alkoholgehalt nur bei einer Raumtemperatur von 20 °C und nur bei reinen Wasser-Alkohol-Mischungen richtig anzeigen können.

Ein Alkoholmeter misst anhand der Eintauchtiefe das spezifische Gewicht der Flüssigkeit, in welche es frei schwimmend gesetzt wird. Der Haken dabei ist, dass sich dieses spezifische Gewicht durch Zucker, Saft oder abweichende Temperaturen verändert.

Ich empfehle Ihnen zum späteren perfekten Einstellen der Trinkstärke, die beim fertigen Gin idealerweise zwischen 40 und 44 Vol.-% liegen sollte, ein Alkoholmeter mit integriertem Thermometer und einem Messbereich zwischen 30 und 60 Vol.-%. An der Skala können Sie neben der Temperatur auch die Abweichung erkennen und die tatsächliche Alkoholstärke ablesen. Das ist die genaueste Methode, wenn der Alkoholgehalt in der Flasche mit den Angaben auf Ihrem Etikett wirklich übereinstimmen soll.

Bei der Alkoholdestillation selbst empfehle ich Ihnen ein zusätzliches kleineres Alkoholmeter mit einen Messbereich von 0 bis 100 Vol.-% ohne Thermometer. Damit können Sie noch während dem Destillieren in einem 100-ml-Messzylinder oder in der Vorlage Ihrer Destille messen. Die Temperatur und Exaktheit sind dabei nicht so wichtig, Sie benötigen nur eine kleine Menge an Alkohol und können feststellen, ob es sich noch lohnt, weiter zu destillieren, oder ob Sie lieber abbrechen sollten. Dazu später mehr im Abschnitt über die Destillation.

Falls Sie Zucker zugeben, sollten Sie das erst im allerletzten Schritt nach dem Einstellen auf Trinkstärke tun und dabei berücksichtigen, dass sich das Volumen je nach zugegebener Zuckermenge noch ändert. Die Differenz lässt sich mit dem Alkoholmeter nicht mehr messen, sondern muss geschätzt, berechnet oder mittels einer aufwendigen Probedestillation ermittelt werden.

PRIMASPRIT UND NEUTRALALKOHOL

Für einen wirklich guten Gin sollten Sie sich von vornherein mit höherprozentigen Grundlagen beschäftigen. Viele Botanicals geben bei den „niedrigen“ 38 % eines Korns nicht alle Aromen ab. Sie erhalten intensivere, vielschichtigere Mazerate und Destillate, wenn Sie auf mindestens 50 %, 60 % oder – noch besser – 70 Vol.-% erhöhen.

Wichtig ist, zu wissen, dass die 38 % eines Doppelkorns durch die Zugabe der Botanicals weniger werden. Spätestens beim Ansetzen mit frischen Früchten, wie Orangen, Zitronen oder Beeren, wird das Getränk wässriger und der Alkoholgehalt entsprechend noch niedriger ausfallen. Es ist besser, höherprozentig anzusetzen, um am Ende bei einer angenehmen und für Gin typischen Trinkstärke zu landen. Ein Gin muss laut Gesetz mindestens 37,5 Vol.-% Alkohol aufweisen. 40 Vol.-% sind unser Standard, und etliche wirklich gute Ginsorten transportieren mehr Aroma bei höheren Prozenten. Meine eigenen Gins mische ich gern auf 42 %. Wasser, Eis oder Tonicwater kann man später immer noch zugeben. Letztendlich empfiehlt es sich, zu verkosten, um herauszufinden, welcher Gin bei welcher Stärke am besten mundet und was Ihrer persönlichen Mischung guttut.

Eigengeschmack im Alkohol?

Ein Korn schmeckt nach Korn, und auch Wodkas sind nur selten tatsächlich völlig geschmacksneutral. Das müssen Sie für das Gesamtbild Ihres Gins berücksichtigen. Manchmal kann eine feine Kornnote gewollt sein. Das feine Getreidearoma fügt sich teilweise gut in den Gin ein, immerhin gehörte es früher sicher dazu. Bei anderen Sorten möchte man Nebenaromen von Getreide lieber nicht schmecken, weil sie nicht mit allen Botanicals harmonieren. Es ist Ihr Gin, aber ganz genau genommen sollte Gin mit einem zu 100 % aromafreien Neutralalkohol hergestellt werden.

Besser als Korn oder Wodka wäre es jedenfalls, sich mit einem 70 Vol.-% Primasprit einzudecken. So einen auf 69 oder 70 Vol.-% ausgebrannten Ansatzkorn können Sie in manchen Supermärkten und Fachgeschäften kaufen, oder natürlich im Internet direkt bei den Brennereien bestellen, zum Beispiel bei „Lautergold“. Ein Primasprit eignet sich deutlich besser zum Ansetzen und Extrahieren Ihrer Botanicals und kann später auf die perfekte Trinkstärke abgesenkt werden. Trotz der hohen Prozente schmeckt auch ein Primasprit immer noch nach Korn, samt allen damit verbundenen Vor- und Nachteilen.

Darf es etwas mehr sein? Beim Umfüllen und Anreichern mit Aromen ist es besser, gleich etwas höherprozentig zu starten.

Echter Neutralalkohol

Perfektionisten gehen hier noch eine Stufe höher und beschaffen sich einen echten Neutralakohol. Das ist ein industriell maximal hochprozentig, zumeist auf 92 Vol.-%, ausdestillierter und gefilterter Alkohol, völlig frei von allen Geschmacksstoffen, Fuselölen oder sonstigen Nebenstoffen und Aromen. Echter Gin soll laut Ansicht vieler Hersteller ausschließlich aus diesem völlig neutralen Alkohol hergestellt werden, und man kann ihn bei einigen wenigen Brennereien, im Internet oder in Apotheken kaufen.

Für mich persönlich bleibt ein kleines Problem beim Neutralalkohol: Man kann die Herkunft der Zutaten kaum oder, besser gesagt: gar nicht nachvollziehen. Ein Neutralalkohol kann aus Getreide, Kartoffeln, Mais, aber auch aus Obst, Rüben oder sonst was gebrannt sein. Die Herkunft spielt in der Industrie keine Rolle, es wird gebrannt, was sich irgendwie landwirtschaftlich verarbeiten und vergären lässt. Wir erhalten eine bunte (und dennoch durchsichtige) Mischung aus allem Möglichen, so hochprozentig gereinigt, dass es theoretisch keinen Unterschied mehr macht, wo der Alkohol herkommt. Jedenfalls nicht, wenn man technisch oder chemisch denkt.

Storytelling beim Neutralalkohol?

Erinnern wir uns: Ein Gin braucht eine Geschichte. Die Geschichte des industriell gebrannten Neutralalkohols ist leider nicht die allerschönste und lässt sich nur schwer positiv ausschmücken. Wir sollten sie vielleicht lieber verschweigen oder uns nach einer besseren Geschichte umsehen.

Ich darf es an dieser Stelle nochmal wiederholen: Beim Gin ist alles erlaubt. Privat sowieso. Die Meinungen ändern sich, moderne Hersteller nutzen zunehmend andere Grundlagen als den klassischen Neutralalkohol und erfreuen sich durch die Verwendung von vornherein aromatischer Alkohole und deren Mischungen an spannenden, teilweise aufregenden neuen Geschmacksrichtungen.

Für den Gin „Windspiel“ aus der Eifel beispielsweise wird regionaler Kartoffelschnaps als Grundlage verwendet, was hervorragend zur Geschichte Friedrichs des Großen passt, der sowohl die Kartoffel in Deutschland einführte als auch ein Windspiel im Wappen zeigte. Hier gelingt die Fusion aus Geschichte, regionalen Zutaten und edler Verpackung.

Der „Ferdinand’s“ aus dem Saarland ist auch noch so ein Beispiel. Er wird mit regionalem Riesling veredelt und zeigt allein dadurch schon einen gänzlich anderen Charakter als die meisten herkömmlichen Ginsorten.

Ich persönlich würde es gern mit Paracelsus halten, der generell die Verwendung von Weinbrand auch zu Heilzwecken empfahl. Leider ist es sehr schwierig, einen neutral ausgebrannten Weinalkohol in dieser Stärke zu finden. Wenn doch, dann ist er oftmals sehr hochpreisig und in kleinsten Mengen hergestellt. Das erklärt auch, warum der „Gn“ und die anderen Spirituosen aus der französischen Brennerei „L’Atelier du Bouilleur“ ihren Preis kosten müssen. Sie werden in kleinen Auflagen aus handverlesenen Wildkräutern und dem hervorragenden „Vin de Faugères“ aus der Region gebrannt.

Aufgepasst beim Weingeist!

Kauft man Weingeist, ist nicht gewährleistet, dass dieser aus Wein gebrannt wurde. Die Bezeichnung „Weingeist“ steht genau wie „Primasprit“ für einen hochprozentig ausgebrannten Agraralkohol und hat bis auf den Namen wenig mit Wein zu tun.

Wäre es nicht verboten, würde ich meinen Alkohol als Grundlage selbst herstellen. Die Äpfel in meinem Garten sind einfach zu vergären, und ich könnte sie ohne Weiteres hochprozentig ausdestillieren. Im Gegensatz zu meinen Trauben habe ich reichlich davon zur Verfügung, mag aber weder Apfelwein noch -saft. Ich weiß nicht einmal, was ich sonst mit den vielen Äpfeln anstellen könnte. Mein Vorratsschrank ist angefüllt mit Apfelmus und -kompott, und ich habe überreichlich selbst getrocknete Apfelstückchen und Chips bis mindestens zur übernächsten Ernte. Schade, dass ich die Äpfel nicht brennen darf, denn zu meiner persönlichen Gin-Story ebenso wie zu meiner heimatlichen Region, der Rhön, würde ein Gin mit einem Apfeldestillat als Grundlage perfekt passen.

VERBOTENE ALTERNATIVE

Eine weitere „illegale" Möglichkeit möchte ich der Vollständigkeit halber nicht verschweigen, selbst wenn ich sie hierzulande eher in den „geheimen" Bereich einordnen müsste. Sie können neutrale Grundlagen nicht nur aus Obst oder Getreide selbst herstellen, sondern auch aus einfachem Zucker.

Die billigste und schnellste Methode, hochprozentigen Neutralalkohol selbst herzustellen, besteht darin, Zuckerwasser mit Turbohefe auf 20 % zu vergären und danach hochprozentig auszudestillieren. Im vorherigen Kapitel über Zucker haben wir schon gelernt, wie man haushaltsüblichen Zucker am besten auflöst. Beim Einmaischen ist das ähnlich, Sie brauchen nur eine deutlich größere Menge, einen entsprechend großen Topf und genügend Zeit, um 25 Liter heißes Zuckerwasser wieder abkühlen zu lassen, bis in einen Bereich, den Ihre Hefe überleben kann. Mit einer handelsüblichen Turbohefe erreichen Sie innerhalb einer kurzen Gärzeit von nur fünf Tagen einen Alkoholgehalt von bis zu 20 % als Grundlage für die Destillation.

Bei der großen Auswahl an Wodka ist es einfach, etwas mit mindestens 40 Vol.-% zu entdecken.

Die fertig vergorene Zuckermaische sollte möglichst mehrfach destilliert und am Ende sehr hochprozentig ausgebrannt werden, um ihr muffiges Grundaroma zu verlieren. Je nach Destille oder Anzahl der Destillationen und dem tatsächlichen Alkoholgehalt der Zuckermaische könnte man auf diese Weise bis zu fünf Liter eines über 80%igen, weitgehend neutralen Alkohols selbst herstellen.

Dank der niedrigen Alkoholsteuer wird sich der Arbeitsaufwand kaum lohnen, und wegen der herrschenden Verordnungen möchte ich diese Vorgehensweise nur der Vollständigkeit halber erwähnt haben und nicht empfehlen.

Wir bleiben am besten auf der Seite des Gesetzes und vergnügen uns mit dem, was uns legal zur Verfügung steht. Ich benutze anstelle meines eigenen Apfelbrandes für die „schnellen" „Compound Gins" gern Doppelkorn aus mir bekannten oder regional verbundenen Brennereien wie der Nordhäuser Traditionsbrennerei oder der Schlitzer Destillerie, oder einen beliebigen Wodka, weil die Wodkas meistens mit 40 Vol.-% noch etwas höherprozentig ausfallen.

Als hochprozentiger Primasprit zum Ansetzen ist mir nach wie vor das Lautergold mit seinen knapp 70 % sehr sympathisch. Nicht nur wegen des schönen Namens, sondern auch, weil es aus einer sehr schönen Brennerei mit einer hübschen Ausstellung kommt. Ähnlich ist es beim 66%igen „Kumpeltod“ oder „Grubenfusel“ aus der Altenburger Brennerei, wo von Anfang an eine kräftige Portion Humor mitschwingt.

Falls Sie mal in der Gegend sind, lohnt sich ein Besuch bei den Brennereien. Alle vier sind durchaus sehenswert und vermitteln einen guten Eindruck von der Grundlage, die man verarbeitet und mit der eigenen Geschichte verwebt.

DIE KRÖNUNG: BIO-ALKOHOL

Ich versuche, alle zugekauften Zutaten in Bio-Qualität zu verwenden. Das sagt sich leichter, als es ist, oft genug greife ich bei Experimenten doch zur günstigeren Variante, um meinen Geldbeutel zu schonen. Trotzdem, für den wahren Genuss setze ich auf Bio, nicht nur bei den Botanicals, sondern auch beim Alkohol. Hier bin ich auf die Brennerei Kessler aus dem Schwarzwald gestoßen, die mich und meine Firma neuerdings mit einem 96%igen Weingeist in ehrlicher Bio-Qualität beliefert.

Mit destilliertem Wasser und einem Alkoholmeter lassen sich die sehr hochprozentigen Alkohole immer auf die perfekte Ansatz-, Mazerations- oder Trinkstärke herabmischen. Es ist in jedem Fall sinnvoll, sich mit ausreichenden Mengen eines reinen Neutralalkohols oder sehr hochprozentigen Primasprits zu versorgen.

Merke: Mit destilliertem Wasser herabzusetzen, ist immer möglich. Das Hochdestillieren ist dagegen zumindest in Deutschland und in der Schweiz verboten.

Seit 1998 unter dem Motto „Legalize Home Distilling – Destillieren ist ein Hobby, kein Verbrechen“ im Kampf gegen die Windmühlen der Bürokratie.

SPASS

Bei all dem was Sie bisher lesen mussten und was möglicherweise an mancher Stelle seltsam klingt, möchte ich nicht den Eindruck erwecken, die Ginherstellung wäre kompliziert oder man müsste allerlei „Tastings" und sensorische Schulungen mitmachen, um ein Aroma überhaupt schmecken zu können. Dem ist glücklicherweise nicht so.

In erster Linie ist Gin ein extrem vielseitiges, abwechslungsreich verwendbares und ebenso vielgestaltig herstellbares Getränk. Meistens genießen wir Gin an schönen Tagen mit Freunden und in ausgelassener Stimmung. Ein sommerlicher Gin Tonic, ein frischer „Moscow Mule", ein leckerer Negroni oder ein klarer Gin *on the rocks*.

Der Negroni, mein Lieblingsdrink für gemütliche Sommerabende, besteht zu gleichen Teilen aus Gin, Campari und Wermut.

Im Gegensatz zu Whisky und Brandy bleibt ein Gin deutlich weniger beschaulich. Gin braucht keinen knisternden Kamin im Herrenzimmer. Einem Gin haftet auch nicht das „Trinker"-Image eines Wodkas oder das „bäuerliche" eines Obstbrandes an.

Gin geht immer! Deswegen ist er so beliebt und trendy. Gin ist ein großartiges Getränk. Sinnlich und hochgeistig zugleich. Ein modernes Getränk, welches vielleicht besser in unsere Zeit passt als alle anderen. Nur Gin erhebt sich aus dem verstaubten Einerlei der klassischen Spirituosen der letzten Jahrhunderte. Nur beim Gin ist alles erlaubt. Ein Gin darf glasklar, aber auch spannend bunt und farbig sein, er darf trocken, herb, fruchtig, blumig, kräuterlich oder pappsüß sein.

Oder alles zugleich. Ein Gin darf uns mit seiner Story überraschen, interessieren oder neugierig machen. Er darf uns sogar belügen. Gin mit all seinen wundervollen Facetten ist sicher das Getränk dieses Jahrhunderts, ja vielleicht des Jahrtausends, und er soll uns Freude bringen.

Ich würde mich sehr freuen, wenn wir uns hier und jetzt darauf einigen könnten, dass wir in diesem Buch Spaß haben werden. Ich beim Schreiben und Sie beim Lesen. Das wäre schön.

Ich gönne mir jetzt, bevor ich weiterschreibe, erst einmal einen eiskalten Gin Tonic. Mir ist danach. Es war ein heißer Tag. Vielleicht trinken Sie mit mir ...

TONIC, WASSER UND EIS

Wie genießen Sie Ihren Gin am liebsten? Ich persönlich bin eher der Purtrinker und bevorzuge Ginsorten ohne Zucker, aber mit ausgeprägten oder überraschenden Aromen. Gern holzig, vielleicht sogar fassgereift, und am liebsten kalt auf extra viel Eis gegossen. Ich liebe meinen Gin vor allem dann, wenn das Eis schon zum Teil abgeschmolzen ist und den Gin verwässert. Irgendwo zwischen „bei Zimmertemperatur frisch eingegossen“ und „geschmolzenes Eis“ liegt der für mich perfekte Genuss. Ich weiß, das ist nicht die feine englische Art, aber was soll ich machen? Mir schmeckt es nun mal so am besten. Im Winter genieße ich dann lieber einen würzigen schottischen Whisky, und auch den verdünne ich mit überdurchschnittlich viel Wasser.

Wasser und Alkohol: eine Wissenschaft für sich

Auf der einen Seite sind die Aromen im Alkohol konzentriert, mehr Volumenprozente bedeuten in der Regel eine höhere Dichte des ursprünglichen Destillates und enthalten entsprechend mehr Aromen. Fast alle Spirituosen werden zunächst relativ hochprozentig ausgebrannt, um die nötige Reinheit im Alkohol zu erzielen. Bei der Gindestillation zielen wir auf über 80 %, auch weil unsere Grundlage zum Brennen bereits recht hochprozentig ist. Manche Ginsorten werden mit bis zu 60 % in die Flasche gefüllt, viele der üblichen Gins liegen immer noch über 40 %.

Es ist ein Dilemma! Obwohl in hochprozentigem Gin mehr Aromen enthalten sind, können wir sie aufgrund der hohen Alkoholstärke trotzdem kaum besser schmecken. Unser Geschmackssinn tut sich schwer, die feinen Noten aus einer stark alkoholhaltigen Spirituose herauszuschmecken. Das ist auch ein Grund, warum die meisten Brände und Spirituosen auf einen Bereich

Gin Tonic auf Eis. Das Lieblingsgetränk der Engländer und auch bei uns äußerst erfrischend an heißen Tagen.

um die 40 Vol.-% herabgesetzt werden. Wir sprechen von der Trinkstärke, und die liegt je nach Getränk und dem Geschmack des Destillateurs zwischen 35 und 45 Vol.-%. Manche Kenner von Obstschnäpsen meinen, über 52 Vol.-% wären noch schmackhaft und angenehm trinkbar, aber das muss letztendlich jeder für sich selbst herausfinden. Wie bereits erzählt gehöre ich eher zu den „Weicheiern", die Hochprozentiges gern im Glas mit einem kräftigen Schuss Wasser herabsetzen und dann in kleinen, langsamen Schlückchen genießen, um die Nuancen besser herausschmecken zu können.

Warum wird ein Gin zumeist höherprozentig abgefüllt als andere Spirituosen? Weil wir ihn in vielen Fällen vor dem Trinken noch verdünnen. Mit Eis, mit Tonic, Zitrone oder allerlei leichteren Zutaten im Cocktail. Gin ist ein klassisches Mischgetränk und darf deswegen gern höherprozentig abgefüllt werden.

„57 % Navy Strength"

Es ranken sich mehr Geschichten um den Gin als um andere Getränke. Viele beruhen tatsächlich auf harten Fakten und überlieferten Wahrheiten.

Im 17. und 18. Jahrhundert bekam jeder Marinesoldat eine tägliche und zumeist großzügige Ration Gin. Die Tage auf hoher See verbrachten die Seeleute damals im Wesentlichen irgendwo zwischen deutlich angetrunken und sturzbesoffen. Ein daraus resultierendes Problem war, dass im Falle eines Angriffes das kostbare Schießpulver nicht mehr zündete, sobald jemand seinen Gin darüber verschüttet hatte. Ob zerschossene Ginfässer oder betrunkene Matrosen für das feuchte Schießpulver verantwortlich waren, lässt sich heute schlecht feststellen; aus Sicherheitsgründen wurde aber

Gin Tonic. Ein wahrer Genuss, im Alltag wie an besonderen Tagen.

verordnet, dass ein „Militär"-Gin mindestens 57 Vol.-% haben musste. Das ist die „Navy Strength", die Marinestärke, denn bei 57 Vol.-% zündet Schießpulver auch im durchfeuchteten Zustand.

100 Proof?

Der Alkoholgehalt wurde seinerzeit mit einem einfachen Schießpulvertest bestimmt. Dazu wurde Alkohol mit Schießpulver vermischt und angezündet. Je nachdem, wie der Alkohol verbrannte, konnte der Alkoholgehalt grob bestimmt werden.

57 % Navy Strength = 100 Proof. Das feuchte Pulver verpufft in einer hellen Flamme. Falls das Gemisch nur langsam mit einer leichten Flamme brennt, dann war der Alkoholgehalt zu niedrig. Der Gin ist „under proof". Falls das Gemisch sehr heftig verbrennt oder gar explodiert, dann ist der Alkoholgehalt zu hoch und der Gin „over proof".

Mit dieser Methode war der „überlebenswichtige" Alkoholgehalt von 57 % leicht zu kontrollieren. Dank der heutigen Alkoholmeter ist das Risiko beim Überprüfen des Alkoholgehaltes im Gin wesentlich geringer, und die 57 % sind eine überlieferte Geschichte, die man bei einem 100-Proof-Gin gern einbinden kann.

VERÄNDERUNG DER GESCHMACKSWAHRNEHMUNG?

Man sagt, im Alter würde sich die Geschmackswahrnehmung verändern. Das Süße rückt in den Hintergrund, sauer macht lustig, bitter wird interessant. Ebenso gewöhnt sich unsere Zunge an die Schärfe des Alkohols, wenn wir öfter stärkere Drinks zu uns nehmen. „Profitrinker" neigen nach einigen Jahren eher dazu, trockene Alkohole zu schätzen, während „Anfänger" zunächst lernen müssen, überhaupt irgendwie mit dem scharf schmeckenden Nervengift zurechtzukommen, das sie sich da, aus welchem Grund auch immer, meist mit viel Zucker annehmbar gemacht in den Körper schütten.

Von pappsüß bis zu staubtrocken und hochprozentig ist beim Gin alles erlaubt. Aber das sagte ich schon. Es liegt an Ihnen, was Sie am liebsten mögen.

Mit Tonic gemischt genieße ich gern die einfachen „Dry Gins". Ganz klassisch und schnörkellös. Weil ich hier über Tonic schreibe, habe ich mit dem allseits bekannten „Schweppes Indian Tonic" aufgegossen. Das ist aufgrund seines Chiningehaltes relativ bitter und zugleich süß, sodass man die feinen Nuancen edler Ginsorten kaum herausschmecken kann, was mich gleich zur nächsten Story bringt.

So farbenfroh und auf Süßes fixiert wie in der Kindheit wird unser Geschmackssinn nicht bleiben.

Gin Tonic ist eigentlich ein Medikament und wurde in den „wilden" Zeiten auf See von den Schiffsärzten gegen Skorbut und Malaria verabreicht. Gin, mit Chinin versetztes Wasser (Tonic!), und dazu frische Zitronen wegen des Vitamins C. Unser geliebter Gin Tonic war ein Medikament gegen Malaria und Skorbut, und wir trinken ihn heute, kaum 200 Jahre später, nur zum Spaß.

Aber kehren wir zurück zur Herstellung. Das Wichtigste wäre zunächst, dass wir uns mit den vorhandenen Materialien vertraut machen und mutig vorangehen, wenn wir mit dem Equipment, den Botanicals und den einzelnen Methoden experimentieren. Neben dem Verkosten und Trinken ist es der experimentelle Teil, bei dem die meiste Begeisterung aufkommt. Jedenfalls bei mir. Hunderte Aromen, die je nach Art der Herstellung völlig unterschiedlich schmecken können und sich dann millionenfach untereinander kombinieren lassen. Ein Wahnsinn. Fast besser als Kochen.

Tasting und Sinneswahrnehmung

Unser Geschmacksempfinden kann durch Vorurteile beeinflusst werden. Wenn Sie allein zu Hause mit hoher Erwartung einen neuen Gin verkosten, beispielsweise weil Sie vorher tolle Rezensionen anderer gelesen haben oder beim Einkaufen von der Präsentation und Aufmachung beeindruckt waren, dann kann die Enttäuschung groß sein. Der gleiche Gin könnte hervorragend schmecken, wenn Sie ihn mit Freunden, die sich beim Verkosten für den Geschmack begeistern, zusammen genießen.

Der Gin Tonic, einst Medizin gegen Malaria und Skorbut.

Vier neue Gins für meine Sammlung. Jeder einzelne ist etwas Besonderes. Welcher wird mir am besten munden? Und zu welcher Gelegenheit? Und warum?

Wahrscheinlich kennt jeder den Unterschied: Der Wein, der uns im Urlaub so köstlich mundete, entpuppt sich zu Hause als fades Getränk. Wir bereuen es, eine ganze Kiste gekauft zu haben. Die Zigarre aus Kuba ist ebenso ein typisches Beispiel. Selbst allerlei Lebensmittel, die im Supermarkt köstlich angeleuchtet präsentiert wurden, mögen wir zu Hause nicht einmal mehr ansehen.

Unsere Sinne sind stark beeinflussbar, durch Stimmung, Atmosphäre und Ambiente. Sind Sie verliebt, dann schmeckt alles besser. Sind Sie übel gelaunt oder traurig, erscheint selbst Ihr Lieblingsessen fade und geschmacklos. Alkohol wird nicht mehr geschmeckt, sondern gekippt. Da ist dann fast egal, welche Aromen er „angeblich“ enthält. Das Leben ist unglaublich abwechslungsreich und vielfältig, und genau das macht es so schwer, unseren eigenen Sinnen zu vertrauen.

In vielen Tastings werden verschiedene Sorten hintereinander verkostet. Der Präsentator unterhält dabei, wie ein Showmaster, mit schönen Geschichten zur Herstellung oder den Inhaltsstoffen, während die Teilnehmer verraten, was ihnen schmeckt. Oder auch nicht.

Man kann in einem solchen Tasting erfahren, wie unterschiedlich die Meinungen zu den einzelnen Getränken sein können. Wir können auch erfahren, wie beeinflussbar wir Menschen sind, wenn jemand auf der Bühne erzählt, das eine oder andere, was wir da in der Hand halten und auf der Zunge schmecken, sei hervorragend. Wir gehen meistens mit der Show, selbst wenn es uns gar nicht wirklich schmeckt. Spätestens, wenn Zustimmung durch andere Teilnehmer erfolgt, verkosten wir ein zweites Mal und versuchen, dem Getränk doch noch etwas Gutes abzugewinnen. Oftmals mit Erfolg.

In geführten Tastings durch große Brennereien werden durch den Moderator von vornherein unsere Erwartungen gelenkt. Wir dürfen hintereinander verschiedene Qualitäten probieren, und wenn der Ansager sich als geschulter Verkäufer entpuppt, greifen wir später am Regal tatsächlich zu höherpreisigen persönlich empfohlenen Drinks, die wir zunächst stolz und glücklich als Souvenir mit nach Hause nehmen, wo sie dann oft genug neben anderen Getränken in der Hausbar verstauben. Im normalen Leben bevorzugen wir doch eher andere Getränke.

Es ist nahezu unmöglich, mit unseren eigenen Eindrücken neutral umzugehen.

Das gehört zusammen: Schmecken und Riechen

Das Wort „schmecken" bedeutete ursprünglich „stinken" oder auch „riechen", was uns auch in der Sprache darauf hinweist, dass wir tatsächlich die meisten Geschmacksrichtungen eher riechen als schmecken. Auf der Zunge sitzen etwa 5000 Geschmacksknospen mit jeweils 50 Sinneszellen, das macht zusammen 250.000 Zellen, die dafür zuständig sind, die fünf Grundgeschmäcke süß, salzig, sauer, bitter, umami und dazu vielleicht noch Fettiges zuverlässig für uns zu erkennen. Im Gegensatz dazu sitzen in unserer Nase 30 Millionen Riechzellen für 400 Duftstoffe. Ein gesunder Mensch kann etwa 10.000 verschiedene Düfte erkennen.

Erst die Kombination beider Sinne ermöglicht uns, die feinen Nuancen in unserem Gin überhaupt wahrzunehmen.

Wir sind normalerweise nicht sensorisch geschult und können zwar erkennen, was uns guttut und was schmeckt, können es aber oftmals nicht benennen. Die Trinktemperatur, ein sich verändernder pH-Wert und die Lagerung können das Aroma zusätzlich verändern. Es ist sinnvoll, einen Gin nicht allzu lange zu lagern. Angebrochene Flaschen sollten irgendwann geleert werden, damit sich das Aroma nicht verflüchtigt. Man sagt, man solle immer nur einen Gin

Je nach Stimmung und Laune kann sich der sensorische Eindruck ändern.

öffnen und leeren, um die volle Intensität zu erhalten. Aber wer kann das schon?

Es ändern sich aber nicht nur die feinen Noten in einem Gin, auch bei uns verändert sich die Sinneswahrnehmung, noch völlig unabhängig von den zuvor beschriebenen subjektiven Einflüssen. Wir werden älter und unsere Geschmacksknospen und Riechzellen werden weniger, wie so oft auch unser Kopfhaar.

Wir können und sollten unsere Sinne zwar trainieren, ab einem gewissen Alter wird es dennoch schwierig, sich noch entsprechende Fähigkeiten anzueignen. Es ist tatsächlich einfacher, im Alter noch ein Musikinstrument zu erlernen, als die Geschmacksknospen zu trainieren.

Zum Ausgleich wissen wir mit einer gewissen Reife meistens sehr genau, was uns guttut und schmeckt, selbst wenn wir es vielleicht nicht beschreiben können. Auch was unserem Körper wichtig ist, ändert sich

Riechen und Schmecken: Unsere Wahrnehmung verändert sich mit dem Alter, der Jahreszeit und dem Ambiente.

im Alter. Ein weiterer Grund dafür, dass Süßes und Fettiges eher weniger attraktiv erscheint, während Bitteres und alle Arten von kräftigen Aromen interessanter werden. Kinder sind noch auf Wachstum programmiert und neigen zu Zucker und Fett, während wir im Alter eher auf den „Erhalt" der Substanz zugehen und wir mehr nach Eiweiß, Vitaminen und der Gesundheit zuträglichen Bitterstoffen verlangen.

Wie nutzen wir all dieses Wissen für unseren eigenen Gin? Was ist unser Ziel bei der Herstellung von Gin? Warum haben Sie dieses Buch gekauft?

Die eigentliche Frage ist, ob Sie für sich zum Spaß brennen und Ihren persönlichen Gin lieben Freunden anbieten werden. Wahrscheinlich schon. Mir fällt es übrigens schwer, etwas von meinen liebsten Eigenkreationen abzugeben, so kostbar erscheint mir mein eigener Gin. Ich bin nicht geizig, aber jeder Gin ist bei mir einmalig. Ich habe es noch nicht geschafft, von einer bestimmten Leckerei gleich zehn oder 20 Flaschen zu füllen. Rechne ich die mit der Herstellung verbundene Arbeit mit der hochpreisigen Bio-Qualität der Zutaten zusammen und ziehe die Verluste beim Destillieren, Verkosten, Umfüllen und Filtrieren noch ab, dann lande ich tatsächlich in einer Preisklasse, die sich kaum verkaufen lassen würde. Auch dafür liebe ich meinen Gin. Er ist mir kostbar und ans Herz gewachsen. Zu schade zum Verpanschen.

Vielleicht spielen Sie mit dem Gedanken, einen Gin zu entwickeln, um ihn später zu verkaufen? Dann kann ich Sie beruhigen, haben Sie Ihr Rezept erst einmal gefunden (und die Zutaten notiert!), dann lässt es sich wesentlich günstiger reproduzieren. Sie benötigen ja nur noch die enthaltenen Zutaten, können zugleich in größeren Mengen einkaufen und effizient arbeiten.

Trotzdem: Im ersten Fall kann ich Ihnen den Spaß bei all den vielen Experimenten und Verkostungen garantieren. Im zweiten Fall, dem Genießen mit Freunden, sollten Sie sich zunächst noch etwas zurückhalten und Ihren eigenen Gin erst anbieten, wenn Sie sicher sind, dass er auch gelungen ist. Nicht, dass Sie Ihre Freunde mit der Angst vor dem Vorlauf oder mit intensiven seltsamen Aromen und skurrilen Eigenmischungen verängstigen.

Im dritten Fall, dem Vermarkten, bleiben eigentlich nur zwei Möglichkeiten: Entweder passen Sie sich an den Mainstream an und produzieren einen gefälligen normalen Gin ohne Ecken und Kanten, also am besten destilliert und hauptsächlich aus dem Dream-Team Wacholder, Koriander, Angelika, Zitrone und Iris, oder Sie wählen die bessere Variante und entwickeln wirklich eine neue harmonische Aromenmischung.

Auch leere Flaschen erzählen noch ihre Geschichte.

Dazu noch eine schöne Flasche und eine sagenhafte Erzählung, die jeden fasziniert, und Ihre Chance auf einen Verkauf in der Region stehen gut. Vielleicht ist die Story am Ende mit der wichtigste Aspekt eines besonderen Gins. Ihres Gins. Und es gibt viele davon ...

GESCHICHTEN RUND UM DEN GIN

Die Entstehungsgeschichte des Gins werden Sie als Ginliebhaber sicher schon gehört haben, oder? Es waren die Holländer, die den sonst eher ungenießbaren, aber billig herzustellenden Kornbrand zum ersten Mal mit Wacholder ansetzten. Der Genever war geschaffen und wurde sowohl zu medizinischen Zwecken als auch zum (Be-) Trinken mit Kräutern versetzt und bis in die höchsten Kreise gern und reichlich konsumiert. Genever war und ist sozusagen das Nationalgetränk der Holländer.

Englische Soldaten, die im 16. Jahrhundert gemeinsam mit den Niederländern gegen Spanien kämpften, brachten den Gin nach England. Man spricht heute noch von der „Dutch Courage“, wenn man sich Mut ansäuft und furchtlos, weil höllisch betrunken, in die Schlacht zieht. Gin war damals ein extrem beliebtes Getränk bei der Marine.

Spätestens im Jahre 1689, als der Holländer Wilhelm III. von Oranien-Nassau mit seiner Frau Maria II. den englischen Thron bestieg, sein eigenes Geneverrezept mitbrachte und bald darauf überall in England brennen ließ, war der Siegeszug des hochprozentigen und entsprechend schnell berauschenden Getränkes nicht mehr aufzuhalten.

Der Genever wurde vor allem wegen seiner billigen und ganzjährigen Herstellungsweise zu einem beliebten und jederzeit verfügbaren Getränk. Zugleich wurde der Import von französischem Branntwein ins Königreich verboten, zuletzt sogar die Ginherstellung für jedermann erlaubt. Man mag sich kaum ausmalen, wie es damals zugegangen sein muss. Gin wurde mitunter billiger angeboten als Bier. Der durchschnittliche Pro-Kopf-Verbrauch in London stieg auf sagenhafte 90 Liter, und wir müssen die eigentliche Geburtsstunde der ersten echten Gins in dieses betrunkene Chaos setzen.

Spätestens hier trennt sich unser heutiger Gin klar vom holländischen Genever. Es ist einfacher und entsprechend billiger, einen klaren Getreideschnaps zu brennen, zu transportieren und nachträglich individuell vor Ort mit Wacholder, Kräutern und Gewürzen, also unseren Botanicals, zu aromatisieren, als die Wacholderbeeren gleich mit einzumaischen, wie das zuvor beim Genever üblich gewesen war.

Die Aromatisierung diente immer noch hauptsächlich dazu, den Fuselgeschmack minderwertiger Kornbrände zu übertünchen. Mit hoher Wahrscheinlichkeit begann man im 17. Jahrhundert in kleinen Schänken und Höfen, eigene Rezepte mit regional verfügbaren Zutaten zu entwickeln, die der trinkfreudigen Kundschaft mal besser und mal schlechter mundeten. Unser Gin war geboren!

Die gesamte Historie kann man in verschieden ausgeschmückten Facetten immer wieder nachlesen und recherchieren, und das Beste daran: Es ist wahr. Natürlich darf man bei der Story zum Gin übertreiben oder flunkern. Ein individueller Gin lebt von seiner Geschichte und von den Besonderheiten der Region, aus der er stammt. Man darf der guten Story zuliebe dick auftragen, nur richtig lügen sollte man besser nicht.

Um nochmal auf die Spanier, die Holländer und die Engländer zurückzukommen: Alle drei Seefahrernationen brennen guten Gin. Aber bei Larios in Südspanien ist man sich sicher, dass die Holländer den Gin erfanden, die Engländer das Tonicwater dazumischten, aber erst die Spanier eine eigene Kunst daraus machten. Auch das ist eine schöne Geschichte.

„At Larios they say the Dutch invented the gin, the English added tonic, and the Spanish made it an art form.“

Flunkergeschichte?

Kennen Sie die Geschichte, nach der das frühere „Nieuw Amsterdam“, also das heutige New York, für ein Fass Rum an die Engländer verkauft wurde? Diese Geschichte ist nicht wahr. New Amsterdam wurde gegen die indonesische Insel Run getauscht. Für die Niederländer ein guter Deal, in dessen Folge sie ihr damaliges Gewürzmonopol aufbauen konnten, was uns wieder zurück den zu Holländern und vor allem zu den Botanicals bringt.

Gin-Storys in Kurzform

- **Bavarian Firefighter's Dry Gin:** Wie könnte es anders sein, der Name ist Programm. Der „Firefighter's Gin" wird vom Kreisbrandmeister, Zugführer und (Hobby-)Destillateur Rudi Schmid mit viel Leidenschaft in einer kleinen Kupferdestille gebrannt und vertrieben. Der perfekte Brand für die Feuerwehr und auch in der „Commanders Edition" erhältlich.

- Der **Boar Gin** aus dem Schwarzwald ist angeblich der weltweit höchstprämierte Gin und kombiniert gekonnt weitere wunderbare Storys, sodass man kaum anders kann, als ihn irgendwann zu probieren. Die Geschichte verknüpft die Tradition der Familienbrennerei aus dem Jahr 1844 und endet mit dem Trüffel, der dem Gin seine besondere Note, den Namen und weitere Storys verleiht. Trüffel soll allerlei Bitterstoffe aus dem Destillat nehmen und entspricht dem sexuell anregenden Duft der männlichen Wildschweine, weswegen er auf weibliche Wildsauen unwiderstehlich wirkt und dem Gin seinen Namen gibt: „Boar" ist das englische Wort für Wildschwein, und der Gin duftet unwiderstehlich nach Trüffel. Angesetzt werden insgesamt 19 Botanicals mit 96%igem, und gebrannt wird auf echtem Feuer. Boar ey!

- **The Botanist:** Jim McEwan, der Brennmeister der bekannten schottischen „Bruichladdich Whisky Distillery", sammelt seit 2010 persönlich die wichtigsten der 22 Botanicals für den von ihm kreierten besonderen Gin. Ein besonderes Schmuckstück ist auch die Flasche mit den reliefartigen Namen der enthaltenen Kräuter.

- **The Duke:** Der erste Gin aus München, und bio noch dazu! Der Herzog Heinrich von Bayern, also Heinrich der Löwe, wird als Gründer der Stadt München bei diesem Gin als Namensgeber geehrt. Bayerischer Gin wird natürlich mit Hopfen gebrannt, was ihm neben der Münchener Herkunft und dem Bio-Siegel ein weiteres Alleinstellungsmerkmal verleiht.

- Der **Ferdinand's** spielt sehr stark die regionalen Besonderheiten des Saarlandes aus und wird nicht nur mit 30 überwiegend regionalen Botanicals aus eigenem Anbau, sondern zusätzlich noch mit einem feinen Saarriesling veredelt. Gebrannt wird er von Andreas Valendar, der die Familienbrennerei aus dem Jahre 1824 heute leitet. Benannt wurde der „Ferdinand's" nach dem preußischen Forstmeister Ferdinand Geltz und bleibt laut Aussage des Herstellers den Leitgedanken „Inspired by our heritage", also „Inspiriert durch unsere Herkunft", treu.

- Der **Gn** aus dem französischen „L'Atelier du Bouilleur" in Südfrankreich ist kein Gin. Er wird aus dem Wein der Faugeres mit wild gesammeltem Wacholder gebrannt und darf sich deswegen nicht offiziell Gin nennen. Das extrem harzige Wacholderaroma ist ungewohnt, wenn man einen Gin erwartet. Das passt perfekt zur Story: Er ist kein Gin, er ist ein „Gn".

- **Hunnbloom:** Der Gin aus der „Hunnbloom Brennerei" in Bad Segeberg zeichnet sich ebenfalls durch seine regionale Nähe aus. Ulrich Bultmann, der Destillateur, legt Wert auf saisonale und regionale Zutaten, was man bei seinem Sommergin mit Tannenspitzen, Rosen und Holunder gut schmecken und an der Namensgebung der Brennerei erkennen kann. „Hunnbloom" ist das plattdeutsche Wort für Löwenzahn, die Hundeblume, und zeugt deutlich von heimatlicher Verbundenheit. Alle „Hunnbloom"-Spezialitäten werden direkt in dem schönen Verkaufsladen kreiert, gebrannt und abgefüllt. Sehr lecker auch der zum Namen passende „Hunnbloom"-Löwenzahnlikör.

- **Monkey 47:** Eine großartige Legende. Montgomery Collins wurde nach Kriegsende nach Berlin versetzt und engagierte sich für den Wiederaufbau Deutschlands. Im Berliner Zoo übernahm er die Patenschaft für den Affen Max. 1951 verließ er die Royal Air Force und eröffnete im Schwarzwald ein Gasthaus mit dem passenden Namen „Zum wilden Affen". Dort kreierte er seinen eigenen Gin mit lokalen Pflanzen, beispielsweise Preiselbeeren und Tannenspitzen, ebenso wie mit exotischen Zutaten. Insgesamt sollen 47 Zutaten für den harmonischen Gesamteindruck verwendet werden. In den 1960er-Jahren verlor sich die Spur, und die Erinnerung an den Gin verblasste, bis jemand um die Jahrtausendwende eine Holzkiste mit einer Flasche „Max the Monkey Schwarzwald Dry Gin" entdeckte. Zufällig komplett mit einem Brief und der detaillierten Rezeptur. So schreibt man Geschichte ...

- **Tanqueray No. 10:** Dieser feine Gin wird seit dem Jahr 2000 als Edelgin in der Brennblase Nummer 10 gebrannt. Das ist die einzige Destille der alten Brennerei „Tanqueray", die die Luftangriffe im Zweiten Weltkrieg überstanden hat. Der Gin wird viermal gebrannt, und zwar als weiteres Alleinstellungsmerkmal mit frischen Zitrusfrüchten anstelle der getrockneten Schalen, wie das sonst eher üblich ist. Das sind mindestens drei Geschichten in einem Gin. Die der Destille, die des vierfachen Brennens und die der vollständigen Zitrusfrüchte.

Ulrich Bultmann, der Destillateur der „Hunnbloom Brennerei" in Bad Segeberg.

- **Plymouth Gin:** Der „Plymouth Gin" stammt aus der 1793 gegründeten „Black Friar's Distillery", der ältesten Brennerei Englands. Der Gin wird immer noch in einer mittlerweile 150 Jahre alten Kupferdestille gebrannt und ist der einzig verbliebene Gin aus der Stadt Plymouth. Er trägt somit eine kleine Besonderheit im Namen, auch wenn die Herstellungsverfahren sich nicht vom „London Dry Gin" unterscheiden.

- **Poppies Gin:** Der „Poppies Gin" stammt aus der belgischen Familiendestille „Rubbens", wo seit 1817 Genever gebrannt wird. Der Gin wurde im Ersten Weltkrieg kreiert, und die englischen Soldaten in Belgien liebten ihn, um sich Mut anzutrinken und die grausame Zeit zu verdrängen.

- **Ursel:** Der Gin „Ursel“ ist ein feiner Bio-Gin aus dem Taunus, die Stadt Oberursel diente der Namensgebung. Die „Ursel“ wird der Region, verbunden mit teilweise handgesammelten Botanicals, wie Fichtentrieben, in kleinen Batches gebrannt. Die zwölf Zutaten und ihre Mischung sind allerdings ein Geheimnis.

- **Windspiel:** Friedrich der Große gehört hier zur Geschichte, denn der „Windspiel“-Gin wird aus Eifelkartoffeln gebrannt, und der „Alte Fritz“ war jener preußische König, der nicht nur wegen der herrschenden Hungersnöte den Anbau von Kartoffeln befahl und durchsetzte, sondern auch italienische Windspiele, eine kleine Windhundrasse, gern um sich hatte und im Wappen trug.

Geschichte oder Story?

Wenn Sie die Geschichte zu Ihrem Gin erzählen, dann dürfen Sie sich gern weit aus dem Fenster lehnen. Schmücken Sie aus und übertreiben Sie. Das macht Spaß und fördert den Unterhaltungswert. Vielleicht schaffen Sie es sogar, einen Mythos zu schaffen, so wie die Brennerei des „Monkey 47“.

Ist die Geschichte wahr? Dann umso besser, aber wer kann das schon so genau wissen? In meinem Denken gibt es einen großen Unterschied zwischen einer echten, belegbaren, historischen Geschichte – und der rundherum gesponnenen Story. Oft genügt ein kleines Fragment, um eine Story zu erfinden. Flunkern für die bessere Unterhaltung ist beim Gin erlaubt, plattes Lügen besser nicht.

Es ist gar nicht so schwer, eine Story zu finden. Die vielen bestehenden Ginsorten belegen gut, wie weit man gehen kann, um irgendeine regionale Begebenheit mit einem Namen, einer Story und den dazu passenden Botanicals zu verknüpfen. Das kann ernst sein, aber auch lustig. Es zählt einzig, dass man beim Genießen des Gins zum Nachdenken anregt und die Story mit dem Genuss verbindet. Dann wird es etwas Besonderes, ein bleibendes Erlebnis.

Eine kleine Sammlung verschiedener gekaufter Ginsorten: Jede Flasche erzählt ihre eigene Story.

Ein Urlaubsgin aus gesammelten spanischen Botanicals, am Pool destilliert. Wird er schmecken? Urlaubserinnerungen lassen sich gut als „Souvenir“ in Flaschen füllen.

WIE KOMME ICH ZU MEINEM EIGENEN GIN?

GIN KAUFEN

Die einfachste Lösung, um an einen guten eigenen Gin zu kommen, ist es, ihn zu kaufen. Das klingt vielleicht blöd, aber er gehört uns, auch wenn wir ihn nicht selbst gemacht haben. Er ist sicher nach dem Einkauf unser eigener Gin, und wir sollten das wirklich tun. Gin kaufen!

Erst dann, wenn wir viele verschiedene Ginsorten verkostet haben, können wir uns erlauben, auch die Qualität oder das Aroma unserer Selbstgemachten mit der „Profiqualität" vergleichen und beurteilen zu können. Wir sollten Gin gut kennen und wissen, wie er schmeckt und schmecken kann. Im Guten wie im Schlechten.

Egal, ob im Urlaub oder zu Hause: Gin findet man überall.

Interessant ist, zu sehen, was einem selbst schmeckt im Vergleich zu dem, was von anderen hochgelobt wird oder wertvolle Preise gewinnt. Deckt sich Ihr Geschmack mit dem, was goldene Medaillen trägt? Lässt er sich beeinflussen von der Meinung der Juroren? Ist Ihre Erwartungshaltung höher, wenn ein Gin hochgelobt wird? Sind Sie enttäuscht, wenn er Ihnen doch nicht schmeckt? Wenn er teuer war?

Wir wissen bereits, unser Geschmacksempfinden kann durch Vorurteile beeinflusst werden. Es ist sinnvoll, diese vorher abzulegen. Wenigstens bei einer zweiten oder dritten Verkostung an einem anderen Tag, in anderer Stimmung, in anderer Zusammenstellung. Es macht Spaß, an den Flaschen einer Ginsammlung zu schnuppern und winzige Schlückchen zu nippen, wobei das Wort „Schluck" schon nicht mehr passt. Einzelne Tropfen genügen, um die Geschmacksknospen auf der Zunge zu wecken. Vielleicht erhalten Sie so einen völlig anderen Eindruck von einem Gin und können Ihr Urteil überdenken. Vielleicht bestätigt und vertieft sich Ihr erster Eindruck.

In diesem Kapitel erfahren Sie alles über die mannigfaltigen und höchst unterschiedlichen Wege, auf denen Sie zu Ihrem eigenen Gin gelangen können. Viel Spaß beim Lesen!

Nach einiger Zeit haben Sie sicher diverse Lieblingsgins entdeckt und können Ihre eigene Richtung gut einschätzen. Neigen Sie eher zu den Fruchtigen, zu den Neutralen oder zu den Süßen? Möchten Sie versuchen, einen bestimmten Gin nachzubauen?

Wir kennen viele verschiedene Ginsorten, denen letztendlich nur eines wirklich gemeinsam ist: Sie enthalten Alkohol und Wacholder. Viele Menschen kennen Gin nur als namenlosen „London Dry“ im beliebigen Gin Tonic und haben keinerlei Vorstellung von der unglaublichen Vielfalt oder dem Einfalls- und Variantenreichtum der heutigen Sorten.

Trinken Sie Gin pur? Erschrecken Sie nicht, wenn Sie zum ersten Mal einen zuckrigen Fruchtgin verkosten. Das ist etwas völlig anderes, fast ein Likör. Die Süßen erkennen wir oft (aber nicht immer!) schon an der Farbe. Ein „Sloe Gin“ darf sehr dunkel ausfallen, während ein Orangengin noch halbwegs klar orange bleibt. Beliebt scheinen die „rosigen“ Ginsorten zu sein, denn man kann sie immer öfter im Spirituosenregal entdecken. Mich erinnern „die Bunten“ eher an Liköre, aber wie gesagt, man sollte alles wenigstens einmal versucht haben, um mitreden und beurteilen zu können.

Enorme Auswahl diverser neuer Sorten in einer einzigen Brennerei: Beispielbild aus der „Stockholms Bränneri“.

Sonderstand im Supermarkt: Die Auswahl an Ginspezialitäten ist enorm. Wir können kaum alle ausprobieren.

GINAROMAESSENZEN

Eine zweite, extrem einfache Methode, die uns sicher zu einem eigenen wirklich brauchbaren Gin führt, ist die industrielle Methode, bei der Sie eine fertige Aromamischung in einer Flasche mit Alkohol verschütteln. Diese Methode der Aromatisierung ist vielleicht nicht die allerfeinste, kann aber dennoch schnell, günstig und ohne Aufwand zu feinen eigenen Gins führen. Sie ahnen nicht, wie viele Hersteller auf fertige Aromen zurückgreifen und letztendlich nichts anderes tun, als neutralen Alkohol mit einer immer gleichen, standardisierten und zumeist angenehm erschei-

Ein Regal voller Aromen zum Selbstmischen typischer Getränke. In Schweden völlig normal: Alkohol selbst herzustellen und mit diesen Essenzen zu veredeln.

nenden Fertigmischung in Gin zu verwandeln. Warum sollten wir zu Hause nicht die gleichen Methoden anwenden dürfen, wie es die großen Getränkehersteller auch tun?

Wer in einem schwedischen Supermarkt durch die Regalreihen schlendert, kann die vielen Fertigaromen leicht entdecken. Schweden ist berühmt für die hohe Alkoholsteuer, und so ist es gang und gäbe, sich einen einfachen Neutralalkohol aus Zuckerwasser selbst herzustellen und mit professionell abgemischten Aromen und Essenzen in ein Lieblingsgetränk zu verwandeln. Aufgrund der vergleichsweise niedrigen hiesigen Alkoholsteuer lohnt sich die Alkoholherstellung aus Zuckerwasser für uns nicht wirklich, wir können unkompliziert günstig gekauften Wodka und Korn mit den schwedischen Aromen veredeln.

Bekannt im Hobbybereich ist vor allem die Marke „Prestige“, die mittlerweile fast überall in Europa und in den USA erhältlich ist und durch weitgehend natürliche oder wenigstens naturidentische Zutaten glänzt. Das Sortiment und die Auswahl sind verführerisch. „Prestige“ bietet nicht nur etliche verschiedene Ginvariationen, sondern nahezu alle bekannten Alkoholsorten, vom Absinth bis hin zum Zwetschgenschnaps, ebenso wie allerlei landestypische Spezialitäten wie Jagdschnaps oder Apfelkorn auch für den deutschen Gaumen.

Viele Mischungen sind tatsächlich identisch mit den Aromen großer und berühmter Originale, und man kann es trotz allerlei Klagen und Abmahnungen teilweise immer noch an den Etiketten oder am Namen erahnen, welche bekannte Spirituose mit welcher Essenz imitiert werden kann.

Fast könnte man sie Kopien nennen. Ich empfehle Ihnen, es auf einen Test ankommen zu lassen. Nehmen Sie eine leere Flasche eines bekannten Gins und füllen Sie diese mit einem Neutralalkohol und einer dazu passenden Ginaromaessenz auf. Sie werden vermutlich überrascht sein und bald darauf selbst nicht mehr zwischen Original und Fälschung unterscheiden können.

Die eigentliche Zubereitung ist denkbar einfach: Zunächst gießen Sie einfach ein

Ginsalabim! So einfach geht das: Aromen in eine Flasche mit Korn oder Wodka gießen, schütteln, ruhen lassen, fertig!

Ginaromen in Korn: die süffige Alternative zum gekauften Gin. Nach dem Zusammenmischen landen Sie immer noch deutlich über 37,5 Vol.-%, was genug Alkohol für einen echten Gin wäre.

kleines bisschen aus einer Wodka- oder Doppelkornflasche ab, um ausreichend Platz für die 20 ml der Essenz zu schaffen. Das ist eigentlich selbsterklärend. Sie müssen nichts anderes tun, als den Inhalt eines Aromafläschchens dazuzugeben, das Ganze gut zu verschütteln und die Flasche danach etwas ruhen zu lassen, bis sich die Aromen mit dem Alkohol verbunden haben.

Übrigens: Eine Ruhe- und Reifezeit von einer bis zu zwei Wochen würde ich Ihnen bei jedem Gin empfehlen, egal, auf welche Weise Sie ihn herstellen.

Haben Sie es ausprobiert? Was meinen Sie? Können Sie die Kopie noch vom Original unterscheiden?

Wenn Sie den Gin exakt und wie vom Hersteller der Aromen erdacht schmecken möchten, sollten Sie versuchen, auch auf den richtigen Alkoholgehalt zu kommen, und einen Neutralalkohol verwenden. Je nach Zusammensetzung der Aromaessenz sind es vielleicht nur Nuancen, unter Umständen kann sich die Note aber auch stark verändern.

Perfekt wird es, wenn Sie zunächst den Neutralalkohol mit destilliertem Wasser auf die gewünschte Stärke herabmischen und dann die Aromen dazugeben. Beachten Sie bei Ihrer Mischung, 20 ml weniger Wasser hinzuzugeben als berechnet. Die Aromaessenzen kommen zumeist ohne Alkohol, was die Gesamtmischung nach der Zugabe wieder leicht herabsetzt.

Die benötigten Mengen lassen sich, je nach Alkoholstärke Ihres Neutralalkohols, mit den üblichen Alkoholrechnern leicht berechnen. Außerdem leistet das Alkoholmeter nützliche Dienste bei der Nachkontrolle. Sie können alternativ zum Berechnen Wasser, Essenz und Alkohol nach Gefühl in einem größeren Behälter, vielleicht einem Wasserkrug, vorsichtig zusammengießen und mit einem frei schwimmenden Alkoholmeter kontrollieren, bis Sie Ihr gewünschtes Endergebnis erreichen.

Beachten Sie beim Ablesen der Alkoholmeter, dass manchmal feine Luftblasen am Alkoholmeter hängen oder im Getränk aufsteigen und das Messergebnis verfälschen können.

Im Gesamten gesehen ist die hier vorgestellte Methode mit den Aromen wirklich großartig. Sie kostet wenig und liefert hervorragende Ergebnisse. Auch wenn der Gin auf diese Weise nicht ganz ehrlich selbst gemacht ist, bringt sie dennoch eine Menge Spaß mit sich. Der Hauptvorteil: Es geht sehr schnell, und man kann ohne Aufwand teure „Edelgins" imitieren.

Manche Brenner nutzen fertige Aromen zum Nachbessern der eigenen Wacholdermixturen oder für das „gewisse Extra". Kleine, erlaubte Geheimnisse, die normalerweise nicht gern verraten werden, in einem „normalen" Gin aber durchaus üblich sind. In einem gewerblichen „Dry Gin" oder „London Dry Gin" wäre diese Trickserei verboten – in allen anderen Ginvarianten nicht.

Herrlich herb-erfrischend an alkoholfreien Tagen: Ginaromaessenz mit Zitrone und Tonic.

Alkoholfrei? Hier habe ich selbst gute Erfahrungen sammeln können. In meinen alkoholfreien Phasen genieße ich gern einfach ein Glas Tonicwater auf Eis mit etwas frischem Zitronensaft, verrührt mit einem Viertelfläschchen einer Ginaromaessenz. Für mich ist das ein prima herb-frischer Sommerdrink an heißen Tagen, auch wenn er eigentlich kein Gin mehr ist. Er schmeckt, und mit Gurke, frischer Minze oder Zitronenmelisse sieht er auch noch toll aus.

GIN MIT ÄTHERISCHEN ÖLEN MISCHEN

Kennen Sie ätherische Öle? Wahrscheinlich schon, wenn vielleicht auch in einem völlig anderen Zusammenhang: als Raumduft, in einem Parfum oder als Zutat in Naturheilmitteln. Sie werden schnell beeindruckt sein, wenn Sie sich erst einmal ein wenig mit der unglaublichen „Power" der ätherischen Öle befassen.

Es lohnt sich unbedingt, sich ernsthaft selbst mit der Herstellung ätherischer Öle zu beschäftigen. Im Abschnitt 4 erkläre ich, wie Sie ätherische Öle aus den Pflanzen in Ihrer Umgebung selbst herstellen können. Es ist nicht besonders schwierig, wenn man ein paar Kleinigkeiten kennt und bei der Destillation berücksichtigt. Ätherische Öle haben einen riesigen Vorteil: Sie dürfen sie offiziell und völlig legal sowohl in Deutschland als auch in Österreich und der Schweiz selbst destillieren. Mit den dazu passenden

Gin mischen? Hier stehen ätherische Öle, Hydrolate und Alkohol am Mischtisch. Fast wie die „Duftorgel" eines Parfumeurs.

Zwei- oder Drei-Liter-Destillieranlagen kann man ordentlich etwas anfangen und übers Jahr eine stattliche eigene Sammlung an Aromen anlegen. Wir dürfen auf diese Art die Aromen für unseren eigenen Gin selbst produzieren, auch wenn wir in Deutschland und in der Schweiz keinen Alkohol destillieren dürfen.

Doch halt! Hier soll es sich zunächst um die Verwendung der ätherischen Öle in Ihrem Gin drehen. Die meisten ätherischen Öle können Sie in bester Qualität kaufen. Aus verschiedenen Gründen ist es auch außerhalb unserer Ginkreationen sinnvoll, sich mit ätherischen Ölen zu umgeben. Probieren Sie es aus! Wenn Sie sich, wie beim Gin, eingehender mit edlen Aromen und Düften umgeben möchten, werden Ihnen die ätherischen Öle eine große Freude bereiten.

Wichtig zu wissen: Nicht alle Pflanzen sind so stark ölhaltig wie der Wacholder, bei dem man je nach Destille mehrere ml auf einmal destillieren kann. Wacholder ist eine großartige Pflanze, nicht nur für unseren Gin, sondern auch zum Destillieren allgemein. Im Gegensatz dazu geben andere Botanicals, zum Beispiel die Iriswurzel oder die Lakritze, keine oder nur sehr wenig ätherische Öle ab.

Diese Varianz erklärt den extremen Preisunterschied zwischen den einzelnen ätherischen Ölen. Nicht alle Aromen, die wir gern für unseren Gin nutzen würden, möchten oder können wir uns als ätherisches Öl leisten.

An der Preisklasse der ätherischen Öle im Handel können Sie im Wesentlichen den Schwierigkeitsgrad bei der Destillation, die Verfügbarkeit des Rohmaterials oder dessen Ergiebigkeit ablesen.

- **stark ölhaltige Botanicals, die wir gut als ätherisches Öl verwenden können:** Wacholder, Pfeffer, Nelke, Koriander, Lavendel, Thymian, Oregano, Minze, Eukalyptus, Weihrauch, Rosmarin, Anis, Fenchel, Kümmel, Fichte, Basilikum, Ingwer, Zitrusfrüchte, Hibiskus, Geranie etc.
- **schwierige oder teure ätherische Öle, die trotzdem funktionieren:** Rose, Angelica, Jasmin, Orangenblüte, Teebaum, Kamille, Zimt.
- **Botanicals, deren Aromen wir besser auf andere Weise in unseren Gin „ziehen":** Iris, Holz, Jasmin, Vanille, Tee, Süßholz, Veilchen, Tonka.

Ätherische Öle können Sie jedenfalls selbst herstellen oder in großer Auswahl an verschiedenen Orten dazukaufen. Ich empfehle Ihnen, auf eine reine und zertifizierte Bio-Qualität zu achten. Billige ätherische Öle für Duftlampen sind oftmals aufgestreckt oder sogar künstlich aromatisiert und für den Verzehr nicht geeignet.

Bevor Sie sich auf das Abenteuer „ätherische Öle" einlassen, möchte ich Ihnen gern etwas zu den unterschiedlichen Qualitäten verraten.

Ätherische Öle im Handel

Sicher hatten Sie schon oft Kontakt zu ätherischen Ölen. Sie sind eigentlich überall, von der Duftlampe über Seifen und Parfums bis hin zu unserem Gin. Wie oben kurz erklärt ist Ihnen sicher aufgefallen, wie extrem die Preise variieren. Gelegentlich entdeckt man ein Zehn-Milliliter-Fläschchen für weniger als einen Euro, während ein anderes Mal zunächst verrückt erscheinende Preise von weit über 100 Euro für einen einzigen Milliliter abgefragt werden.

Es lohnt sich, genau hinzusehen! Billige ätherische Öle, wie sie für Duftlampen angeboten werden, sind oftmals Mischungen mit minderwertigen oder billigeren Ölen. Zitrusöle beispielsweise lassen sich sehr viel einfacher herstellen. Sie werden industriell in großer Menge aus den Schalen gepresst und deswegen gern in allerlei Duftmischungen verwendet.

Schlimmer ist es, wenn die feinen ätherischen Öle mit fetten Ölen gestreckt werden. Sie können das ganz einfach testen, indem Sie einen Tropfen ätherisches Öl auf ein Blatt Papier oder ein Tuch geben. Echtes ätherisches Öl verdampft rückstandslos in der Luft. Es ist absolut ätherisch und wird keine Spuren hinterlassen. Billige gemischte Produkte hinterlassen dagegen einen Fettfleck.

Ich empfehle Ihnen, das Etikett genauestens zu studieren. Bitte lassen Sie die Finger von allem, was sich Parfumöl nennt. Da wird mit synthetischen Mischungen getrickst, und die Aromen könnten sogar hochgiftig sein, wenn wir sie zu uns nehmen. Ebenso sollten Sie nichts für Ihren Gin erwerben, was sich „Komposition verschiedener ätherischer Öle" nennt, da wird gern mit minderen Qualitäten aufgestreckt.

Auch wenn es zunächst seltsam klingt, ich empfehle Ihnen, sich auch von sogenannten Apothekerölen fernzuhalten. Was

Die Auswahl an ätherischen Ölen in Bio-Qualität ist enorm, die Preise sind je nach Botanical sehr unterschiedlich.

in der Apotheke zertifiziert und zu relativ hohen Preisen für medizinische Zwecke verkauft wird, ist zum Teil chemisch behandelt und überarbeitet. Ein Apothekeröl muss zwingend immer die gleiche Zusammensetzung an Wirkstoffen haben, um zu medizinischen und Heilzwecken verkauft werden zu dürfen. Das Zertifikat bestätigt nicht die hohe Qualität des Öls, sondern eine bestimmte Anzahl an immer gleichbleibenden Inhaltsstoffen und Zusammensetzungen.

Versuchen Sie, unverarbeitete und naturreine ätherische Öle zu erwerben. Das ist nicht sehr schwierig, wenn man erst einmal darauf achtet. Ich empfehle gern die ätherischen Öle von „Taoasis" aus Detmold. Unter dem Label „Baldini" vertreibt „Taoasis" eine ganze Reihe edler ätherischer Öle in guter Bio-Qualität, die speziell für den Nahrungsmittelbereich hergestellt werden. Da aufwendige Zertifizierungen wie im Kosmetik- oder Heilmittelbereich bei Nahrungsmitteln gesetzlich nicht vorgeschrieben sind, kann „Taoasis" diese Öle trotz der hohen Bio-Qualität zu fairen Preisen anbieten.

Eine wesentlich größere Auswahl in feinster Bio-Qualität finden Sie außerdem bei den Ölen von „Primavera" und der „Maien-

Ein Fläschchen vom wertvollen Rosengold der duftigen Damaszener-Rose aus Bulgarien.

felser Naturkosmetik". Beide Firmen liefern auch hervorragende Pflanzenwasser seltener und exotischer Pflanzen, die wir gut als Ginaromen benutzen können.

Natürlich können Sie auch jedes andere ätherische Bio-Öl für Ihren Gin verwenden oder auf das Bio-Label verzichten. Es ist Ihr Gin.

Wichtig zu wissen: Der Name „ätherisches Öl" ist leider in der deutschen Sprache sehr irreführend, denn es handelt sich dabei nicht um Öle. Bitte verwechseln Sie nicht die fetten Speise- oder Kosmetiköle mit den sehr feinen, leicht flüchtigen, ätherischen Ölen der Pflanzen. Bei der Ginherstellung sprechen wir immer von den ätherischen Ölen mit all Ihrer Superkraft, die ein Pflanzenöl nicht bieten kann. Ätherische Öle sind die Seele der Pflanze.

Ein winziges Fünf-Milliliter-Fläschchen enthält eine unglaubliche Menge an Pflanzenkraft und genügt, je nach Pflanze, für sehr viele Experimente und etliche Liter fertigen Gins. Ein Milliliter enthält je nach Öl 25 bis 40 Tropfen reinster „Pflanzenkraft"! Diese winzigen Mengen sind oftmals schon zu viel für unseren Gin. Sie können sehr sparsam mit den Ölen umgehen, auch wenn Sie für die erste Grundausstattung an ätherischen Ölen möglicherweise erst einmal einige Euro ausgeben müssen.

Bei stark ölhaltigen Pflanzen, wie Wacholder, Nelken, Lavendel, Minze, Rosmarin oder Thymian, sind die Kosten nicht so erschreckend, und wir können die ätherischen Öle darüber hinaus gut selbst herstellen. Bei anderen Ölen dagegen müssen gigantische Mengen an Pflanzenmaterial verarbeitet werden, was mit unseren Hobbydestillen kaum möglich ist und zu entsprechend hohen Preisen führt.

Als Beispiel möchte ich die vielseitige und geradezu köstlich duftende Damaszener-Rose nennen, die im Morgengrauen gepflückt und möglichst frisch destilliert werden muss. Für einen einzigen kleinen Tropfen müssen mindestens 30 Rosenblüten destilliert werden, fünf Kilo Rosenblütenblätter für einen Milliliter. Da können wir leicht verstehen, warum so ein ätherisches Öl am Ende einen Preis haben muss.

Die Rose ist übrigens sowieso eine schöne Zutat für Gin. Falls Ihnen genug Rosen zur Verfügung stehen, dann wäre eine Beimischung sicher etwas, was Ihrem Gin guttun könnte. Jedenfalls, wenn Sie Rosen mögen.

Ewige Blumenkraft

Um diese geballte Power in einem einzigen Tropfen zu verstehen, sollten wir wissen, dass die Pflanzen sich in der Natur durch

Kostbare ätherische Öle aus früheren Zeiten im Kräuter- und Olitätenmuseum „Beim Giftmischer" im thüringischen Schmiedefeld.

die ätherischen Öle schützen. Vor Fraß, vor Krankheiten, vor Schimmel und anderen Pilzen und Schmarotzern ebenso wie vor Bakterien, Viren und vor Fäulnis und Verderb.

Im gleichen Maße dienen die ätherischen Öle der Pflanze dazu, die zur Bestäubung und Fortpflanzung wichtigen und richtigen Insekten anzulocken. Je nach Pflanze verströmen sie deswegen nicht nur Abschreckendes, sondern auch echte Wohlgerüche, die durchaus auch auf Menschen sinnlich, betörend und aphrodisierend wirken können.

Nach alter alchemistischer Überlieferung sind die ätherischen Öle die Seele der Pflanze. Ich denke, das darf ich sinnbildlich in unsere modernen Zeiten übertragen. Ätherische Öle beinhalten alles an Duft und Aroma, was die Pflanze abgeben kann. Eigentlich sind die Öle sogar viel zu schade für die Duftlampe, wenn man bedenkt, wie viele Pflanzen für so ein paar einzelne Tropfen verarbeitet und destilliert werden mussten.

Aus der Aromatherapie wissen wir, wie ätherische Öle bestimmte Bereiche ansprechen und was sie beim Menschen bewirken. Nicht umsonst werden sie therapeutisch eingesetzt. Interessant ist vor allem, dass sie nachweislich immer noch wirken, auch wenn ein Mensch keinen Geruchs- und Geschmackssinn mehr hat. Sie wirken auf die gleiche Weise, ob sie nun innerlich oder über die Haut aufgenommen werden.

Fast denke ich, es wäre ein Einfaches, einen Gin mit zusätzlicher Wirkung zu kreieren. Einen anregenden für den frühen Abend? Einen beruhigenden für später? Einen aphrodisierenden für die Zweisamkeit oder gar einen desinfizierenden für seltsame Zeiten, wie wir sie kürzlich „dank" COVID-19 hatten? Es wäre einfach, die passenden Botanicals und eine Geschichte dazu zu finden. Schmecken werden uns diese Grundmischungen sowieso.

Das Zumischen von ätherischen Ölen

Im Gegensatz zu den Hydrolaten aus dem nächsten Abschnitt sollten Sie im Umgang mit den ätherischen Ölen sehr vorsichtig sein. Einige davon, wie etwa Zimt oder Nelke, können durchaus hautreizend wirken und dürfen nicht in die Hände von Kindern gelangen. Die Kraft der ätherischen Öle wird oft unterschätzt, deswegen empfiehlt es sich, sich immer vor Augen zu halten, dass so ein kleines Fläschchen die Inhaltsstoffe von Hunderten von Pflanzen enthalten kann und dass keinesfalls alle Inhaltsstoffe harmlos sind. Bitte passen Sie beim „vor Augen Halten" sehr gut auf. Viele ätherische Öle sollten weder auf die Schleimhäute noch in die Augen gelangen und können schon beim Kontakt mit der Haut Reizungen verursachen. Lavendel ist harmlos.

Wichtig zu wissen: Ätherische Öle sollten nicht unverdünnt benutzt werden. Das wird uns bei der Ginherstellung leichtfallen, denn wir verdünnen mit reichlich Alkohol und Wasser. Sie sollten aber unbedingt darauf verzichten, sich ätherisches Öl auf

Eine echte Duftorgel im Aromamuseum der Nelly Grosjean in Frankreich.

die Haut zu reiben oder mit der Zunge zu verkosten. Bitte informieren Sie sich über die einzelnen ätherischen Öle und lassen Sie Vorsicht walten. Am besten öffnen Sie ein Fläschchen und bewegen es mit etwas Abstand unter Ihrer Nase hin und her, um den Duft zu schnuppern. So bekommen Sie eine erste Idee von dem Geruch und vom Aroma des Öls, welches oft deutlich von unseren Erwartungen, dem uns bekannten Duft der Pflanze, abweichen kann.

Ein Parfumeur oder Aromatologe würde mich als barbarisch bezeichnen. Profis geben einen Tropfen auf einen kleinen Streifen eines speziellen Duftpapieres und schwenken diesen sanft vor der Nase durch die Luft, damit sich die Duftmoleküle feiner verteilen und auch feine Nuancen oder Nebenaromen geschnuppert werden können. Sie können auch einfach Streifen aus einem Löschpapier schneiden und damit schon sehr professionell arbeiten.

Spannend ist es immer, und der Aufwand lohnt sich. Korianderöl duftet anders als getrockneter Koriander, und der wiederum zeigt völlig andere Noten als frischer Koriander. Ebenso Basilikum. Probieren Sie es aus. Schnuppen macht Spaß, und man kann sich leicht eine eigene „Duftorgel“ zusammenstellen, indem man allerlei verschiedene Öle sammelt und nach Duft und Charakter sortiert nebeneinanderstellt. Unsere Sinne sind etwas Wunderbares, und es ist eigentlich eine Schande, dass wir uns überwiegend visuell orientieren und dabei den Geruchssinn so sträflich vernachlässigen.

In diesem Bereich berühren unser Gin und die damit verbundene Arbeit mit den Aromen sehr deutlich die eines Parfumeurs. Im Gegensatz zum Kochen, wo wir alle Zutaten so zusammengeben, wie sie aus dem Gewürzregal kommen, ist der Parfumeur von reinen ätherischen Ölen umgeben und begibt sich auf die Suche nach der perfekten Duft- und Aromamischung. Wie wir löst der Parfumeur einzelne Tropfen der wertvollen Duftstoffe in reinem Alkohol, um den perfekten Duft, das perfekte Parfum zu finden. Ein Parfum ist unserem Gin sehr ähnlich, denn es besteht ebenso aus neutralem (meistens vergälltem) Alkohol und ätherischen Duft- oder Aromaölen und bietet am Ende eine eigene Story sowie eine wertvolle Verpackung.

Es ist sinnvoll, mit einer Grundidee zu starten! Auch der Parfumeur beginnt mit einem Ziel. Er kreiert sein Parfum individuell für eine bestimmte Person, für eine Zielgruppe, eine bestimmte Lebensphilosophie, eine Bevölkerungsschicht oder gemäß dem, was sein Auftraggeber verlangt. Er schafft ein individuelles duftendes „Image“ (engl. Bild!). Dabei kennt er aufgrund seiner Ausbildung und Erfahrung bereits die Grundtöne seiner Ingredienzen, der ätherischen Öle, und weiß wie ein Aromatherapeut genau, welcher Duft was bewirkt.

Er kennt den Anfangsduft, die Kopfnote, die uns schon beim Öffnen der Flasche entgegenströmt, sich aber beizeiten verflüchtigt, sobald wir den Duft auf die Haut geben und am Körper tragen. Er unterfüttert die flüchtigen Düfte mit harmonisch nachduftenden Mitteltönen, den sogenannten Herznoten, die das ursprüngliche Duftbild der Kopfnote länger haltbar weitertragen und am Ende in der bleibenden Basisnote über Stunden den Körper sanft umhüllen. Ein Parfum wird in der Regel aus (mindestens) drei mal drei, also insgesamt neun ätherischen Ölen geschaffen. Drei für die Kopfnote, drei für die Herznote und noch einmal drei als Basis oder Hintergrund. Es ist eine große Kunst.

Im Gegensatz zum Parfumeur werden wir als Destillateure unsere Mischungen nicht nur mit der Nase beschnuppern und auf die Haut tropfen, sondern obendrein verkosten und trinken. In unserem Gin entdecken wir die gleichen Prinzipien. Die Kopfnote, die uns aus der Flasche heraus mit einem appetitlichen Duft anlacht, die leckere Herznote auf Zunge und Gaumen beim vorsichtigen Verkosten, und zu guter Letzt die Basisnote, den eigentlichen, tiefen und bleibenden Geschmack nach dem Schluck, an den wir uns vielleicht bis zuletzt erinnern. Wenn wir es schaffen, dass diese drei Prinzipien sanft ineinander übergehen und miteinander harmonieren, dann haben wir gewonnen. Dann wird unser Gin „perfekt". Dann könnten wir uns sogar sanft damit parfumieren, wobei wir in unserem Gin deutlich kleinere Mengen an ätherischen Ölen verwenden und den Alkoholanteil wesentlich höher ansetzen.

Die Herstellung eines Parfums, eines ausgewogenen Gins, einer harmonischen, wirkungsvollen Duftmischung in der Aromatherapie oder einer guten Mahlzeit in der Küche sind sich sehr ähnlich. Auch beim Kochen starten wir zumeist mit einer Grundidee, beispielsweise Tomate-Knoblauch-Basilikum, und verfeinern vielleicht spontan mit Muskat, Oregano, Zitrone oder Pfeffer. Wer kreativ kochen und mit Gewürzen umgehen kann, dem fällt es leichter, einen eigenen Gin zusammenzustellen. Ebenso ist es für Parfumeure oder Aromatherapeuten einfacher, weil das Miteinander der Aromen ebenso wie die damit verbundenen Wirkungen mit zur Ausbildung gehört. Falls Sie sich dazu entschließen, Ihren Gin immer bevorzugt mit ätherischen Ölen zu mischen,

Kochen, Parfums oder Gin? Wir „spielen" dabei mit den Aromen und Düften.

dann empfehle ich Ihnen für ein besseres Verständnis eine Ausbildung im Bereich der Aromatherapie. Je nach Schule ist das gar nicht so teuer und kann sogar finanziell gefördert werden. Die Grundausbildung lässt sich in wenigen Unterrichtsstunden absolvieren und ist inhaltlich auch privat höchst interessant und weiterführend.

In der Aromatherapie werden Düfte und deren Mischungen auch benutzt, um bestimmte Stimmungen und Gefühle zu erzeugen. Jeder Duft weckt eine Erinnerung. Anders ausgedrückt: Nichts weckt so starke Erinnerungen wie bestimmte, selbst unbewusst wahrgenommene Gerüche. Manche Düfte sind eindeutig mit bestimmten Ereignissen verknüpft. Am deutlichsten erkennen wir das vermutlich in der Weihnachtszeit, die wir uns ohne die Düfte von Orangen, Nelken, Tannen, Weihrauch, Vanille und allerlei Mischungen aus Lebkuchen und Keksen kaum vorstellen können. Backen. Kirche. Nadelbaum. Erweckt der Gedanke an Weihnachten bei Ihnen etwas? Eine Erinnerung? Das wäre eine Idee für einen Gin. Weihnachtliche Düfte sind leicht mit ätherischen Ölen erreichbar. Orange, Zimt, Nelke, Piment, Pfeffer, ...

Mein Abschlusszertifikat zum Aromatologen nach ASOMI. Mit Hanna-Christiane Günther vom Alsfelder Aromazentrum.

Probieren Sie es einfach aus. Nehmen Sie einen Messzylinder, geben Sie 100 ml Korn zum Üben hinein, dazu fünf Tropfen Wacholderöl, einen Tropfen Orange, zwei vom Koriander, einen von der Nelke und ...

... schon stecken Sie mitten in der Arbeit. Es schmeckt, was Sie da mischen, oder? Sie sind völlig frei in den Zutaten, die Sie „zusammenpanschen". Weihnachten ist toll.

(Fast) Jeder hat gute Erinnerungen, Assoziationen und großartige Feiertagsgeschichten. Was bietet sich mehr an, als einen persönlichen Weihnachtsgin zu kreieren und beim nächsten Fest abgefüllt und hübsch verpackt an die Familie zu verschenken (oder auszuschenken) und dabei die Geschichten vergangener Jahre noch einmal aufleben zu lassen? Vielleicht erwecken Sie mit Ihrem weihnachtsduftigen Gin tolle Erinnerungen an die „guten alten Zeiten" in Ihrer Familie. Weihnachten ist einfach ...

... aber!

Es bleibt immer ein Aber, ein Vorbehalt. Sie werden bei dem Weihnachtsexperiment feststellen, dass die Würzkraft der ätherischen Öle zu stark sein kann. Es ist schwierig, so extrem hochdosierte Aromen in kleinster Menge zu benutzen. Wie halbiert man einen Tropfen? Viele ätherische Öle sind schon in winziger Menge dominant und viel zu kräftig im Aroma. Wir können sie nicht in einem kleinen Glas dazumischen.

Wacholder gehört im Gin als Hauptzutat dazu. Man sollte ihn noch deutlich herausschmecken können. Wacholder fällt nicht „ungewohnt" auf im Glas, ein Zuviel an Nelke oder Zimt kann sich dagegen störend auswirken. Was ist die Lösung? Wir können aufgrund der hohen Kosten nicht in der Literflasche experimentieren und brauchen eine sparsamere und praktisch zu handhabende Lösung. Eine homöopathische?

Ätherische Öle sind zu 100 % löslich in Alkohol, aber nicht in Wasser.

Liegt Ihre Pipette bereit? Können Sie gut zählen? Mischen Sie einen Tropfen der ätherischen Öle, die Ihnen zu stark erscheinen, einfach mit 100 oder 1000 Tropfen Alkohol in einer separaten Flasche. Jetzt können Sie zum Testen auch kleinere Mengen antropfen und verkosten.

Ätherische Öle lösen sich komplett in Alkohol auf. Das ist das Gute. Mischen, einmal kräftig verschütteln und dann im Idealfall ein paar Tage ziehen lassen, damit sich die Moleküle für einen abschließenden Gesamteindruck perfekt untereinander verbinden können. Bei einem Mischungsverhältnis von 1 zu 100 ist es später einfach, die Menge auf einen Liter oder ein ganzes Fass hochzurechnen und Ihren perfekten Gin bei Bedarf in größerer Menge zu reproduzieren.

Eine weitere Idee wäre es, die ätherischen Öle separat in einem Fläschchen oder Reagenzglas miteinander zu vermischen und von dieser „Aromaessenz" wiederum nur ein oder zwei Tröpfchen in unseren Alkohol zu geben. Das funktioniert recht gut, wenn man ein genaues Rezept oder eine klare Idee hat und schon Erfahrungen mit den einzelnen Aromakomponenten sammeln konnte.

Für unsere Experimente mit dem Weihnachtsgin ist es besser, wenn wir mit den starken Aromen vorsichtig umgehen, ätherische Öle zunächst sozusagen als Konzentrat ansehen und sie in einer kleinen Menge Alkohol verdünnen. Wir können vorab verkosten, ob eine Mischung harmoniert, und nachmischen, bis wir ein intensives, aber „rundes" Geschmackserlebnis erfahren. Erst, wenn wir mit der starken Variante zufrieden sind und vermuten, sie könnte sich in einem Gin gut ausmachen, dann nehmen wir mit der Pipette eine winzige Menge von unserer Mischung und tropfen diese in eine kleine Menge Alkohol. Tropfen für Tropfen, bis wir im Gesamteindruck sicher zufrieden sind. So sicher, dass wir eine oder mehrere Flaschen davon herstellen wollen. Dann übertragen wir das Mischungsverhältnis entsprechend.

Ich empfehle Ihnen, sicherheitshalber noch eine Nacht darüber zu schlafen und mehrfach zu verkosten. Sind Sie immer noch zufrieden mit dem Ergebnis? Großartig. Dann ans Werk.

Ein fertiger Gin sollte eine Weile ruhen, egal, auf welche Weise wir ihn hergestellt haben. Erst nach einer bis zwei Wochen sind alle Aromen wirklich untereinander und mit dem Alkohol dauerhaft fusioniert und können ein bleibendes harmonisches Gesamtaroma bilden.

Sie können ätherische Öle prima zum Kochen und zum Anreichern von alkoholhaltigen Getränken verwenden. Ohne Alkohol oder Fett lösen sie sich aber nicht, sondern schwimmen zumeist obenauf.

Möchten Sie noch einen Nachteil hören? Ätherische Öle sind nicht wasserlöslich. Das meint: Sie können ätherische Öle perfekt nutzen, um einen Gin mit Alkohol zu entwickeln, oder sie untereinander mischen und vorbereiten, sie aber nicht für alkoholfreie Mocktails oder Tonicwater nutzen. Ätherische Öle müssen in Alkohol oder Öl gemischt werden, weil sie sonst in den meisten Fällen obenauf schwimmen.[7]

Aus diesem Grund bekommen wir ein weiteres Problem, wenn wir Gin mit ätherischen Ölen anmischen. Ab einer gewissen Sättigung ist der Alkoholanteil in unserem Gin nicht mehr ausreichend, um die ätherischen Öle aufzunehmen und zu lösen. Unser Gin trübt ein und wird zu einer milchig weißen Emulsion.

Alkohol ist eine Lösung! Jedenfalls für ätherische Öle. Mit zu viel Wasser wird es eine Emulsion und trübt milchig ein.

Wir kennen diesen Effekt von französischen Anisgetränken, wie dem Pernod oder dem Absinth, wo die Trübung zum Trinkerlebnis gehört und durch die Zugabe von eiskaltem Wasser absichtlich herbeigeführt wird. Anis gilt aufgrund seiner Vielzahl an ätherischen Ölen als Verursacher.

Leider kann es auch bei unserem Gin passieren, dass wir – je nach Menge der enthaltenen ätherischen Öle – beim Herabsetzen auf Trinkstärke mit Wasser das zuvor edle und völlig klare Getränk trüben.

Mein Tipp: Ignorieren Sie es einfach. Der Effekt wirkt sich nicht auf das Aroma aus. Die feinen ätherischen Öle sind in unserem Gin nach wie vor ausreichend verteilt. Perfekt ist das leider nicht, aber privat sollte es uns trotzdem schmecken.

Hier habe ich den Vorlauf abgetrennt und mit Leitungswasser vermischt. Die Trübung durch die enthaltenen ätherischen Öle ist deutlich zu sehen.

7 Ätherisches Nelkenöl ist beispielsweise schwerer als Wasser und sinkt auf den Boden.

Wie können wir die Trübung verhindern? Die Trübung entsteht zumeist, wenn wir Wasser in die fertige Mischung gießen. Umgedreht scheint sie seltener vorzukommen. Wir könnten unseren Alkohol zunächst auf 42 % herabsetzen und erst dann die ätherischen Öle im richtigen Verhältnis zugeben.

Des Weiteren wäre es besser, ein destilliertes Wasser zum Herabsetzen zu benutzen. Mineralien in Quell- oder Leitungswasser können ebenfalls zur Trübung beitragen. Ich habe mir eigens zu diesem Zweck eine elektrische Wasserdestille zugelegt.

Aus der Obstbrennerei kennen wir den Trick, das gesamte Getränk stark zu kühlen und dann durch einen feinen Filter zu gießen. Beim Gin verlieren wir dadurch leider auch einen Teil der zuvor zugegebenen Aromen. Gleiches gilt für die bei Obstbränden empfohlene Zugabe von Aktivkohle zur Entfernung der Trübung und zur Geschmacksverbesserung. Im Gin kostet uns das ebenfalls einen Teil der Aromen. Sie dürfen gern ausprobieren, inwieweit sich das Filtrieren auf das Endergebnis auswirkt und welche Noten in Ihrem Getränk verbleiben.

Letztendlich ist die beste Empfehlung, beim Abmischen destilliertes Wasser zu verwenden, genau darauf zu achten, ob und wann eine Trübung eintritt, und dann den Alkoholgehalt nicht weiter herabzusetzen. In meiner Erfahrung sind Trübungen bei hochprozentigem Alkohol sehr selten und treten erst deutlich unterhalb von 50 Vol.-% auf.

Die Vorteile überwiegen. Die kleinen Nachteile bei der Methode mit den ätherischen Ölen können wir aufgrund der großartigen Vorteile sicher leicht verschmerzen. Es liegt auf der Hand, welche unendlichen

Mit ätherischen Ölen angesetzte Ginsorten neigen zum Eintrüben, wenn sie zu stark herabgesetzt werden oder verwässern. Trotzdem bleiben sie köstlich trinkbar.

kulinarischen und olfaktorischen Möglichkeiten uns im Umgang mit den ätherischen Ölen offenstehen und wie einfach die Zutaten zu beschaffen sind. Mit den ätherischen Ölen können wir wie die Hersteller der letzten Jahrhunderte einmalige Spirituosen und eigene Spezialitäten entwickeln und praktischerweise auch in größeren Mengen legal herstellen.

Ein weiterer großer Vorteil ist, dass Gin mit einem zu hohen Anteil an ätherischen Ölen zwar eintrüben könnte, aber dafür selten Farbe annimmt. Bei den späteren Methoden der perkolierten und angesetzten „Bathtub Gins“ müssen wir mit starken Farbveränderungen rechnen.

Sie sehen: Jede Methode bietet uns eindeutige Vorteile, leider stets gepaart mit einigen Nachteilen. Ich empfehle Ihnen, sich alle Methoden anzusehen und diese dann untereinander zu mischen. Genau wie bei den Botanicals gilt: Die Mischung macht es.

GIN MIT HYDROLAT MISCHEN

Wie bei den ätherischen Ölen aus dem vorherigen Abschnitt können wir auch sogenannte Hydrolate, also destillierte Pflanzenwasser, kaufen oder selbst herstellen und für unseren Gin benutzen. Es lohnt sich, wie bei den ätherischen Ölen, beizeiten eine Sammlung anzulegen, damit sie bei Bedarf bereitstehen.

Hydrolate bieten viele Vorteile

Pflanzenwasser wurden lange Zeit völlig unterschätzt und teilweise sogar als „Abfallprodukt“ bei der Destillation von ätherischen Ölen angesehen. Erst seit wenigen Jahren spricht sich die hohe Wirksamkeit der auch im Wasser enthaltenen wertvollen Inhaltsstoffe im Bereich der Naturkosmetik und Aromatherapie herum. Selbst in der Küche und noch mehr in Getränken finden Hydrolate zunehmend Beachtung. Einzelne wie das Orangen- oder Rosenblütenwasser kennen wir seit Ewigkeiten aus der orientalischen Küche, haben uns aber vermutlich nur wenige Gedanken darüber gemacht, wie hervorragend sie sich zur Herstellung und Aromatisierung von alkoholhaltigen Getränken eignen.

Das wird sich schnell ändern: Es werden schon etliche alkoholfreie Ginsorten und allerlei aromatisierte neue Wasser und andere Getränke angeboten, die letztendlich nichts anderes sind als feine Destillate unserer Botanicals mit Wasser. Jedenfalls dann, wenn „ehrlich“ gearbeitet wird. Die „Big Player“ werden weiterhin ihre industriellen Aromen verwenden.

Unsere Sammlung bei „Destillatio“: Hydrolate zum Schnuppern und Genießen an der Aromabar in der Rhön.

Hier kann man deutlich sehen, wie das dunkle Wacholderöl obenauf schwimmt und sich bereits sauber vom Pflanzenwasser, dem Hydrolat, abtrennt.

Dabei ist die Herstellung echter Pflanzenwasser denkbar einfach. In Abschnitt 4 gehe ich ausführlich darauf ein und erkläre Ihnen, wie Sie eigene Hydrolate am besten selbst herstellen können.

Sie können Hydrolate auch kaufen, wobei wir uns dann eher im kosmetischen Bereich umsehen sollten. Ich empfehle die hervorragenden selbst destillierten Hydrolate der „Maienfelser Naturkosmetik" oder jene von „Primavera" aus dem Allgäu. Die Adressen finden Sie im Anhang unter Punkt 9.3.

Was sind die Vorteile der Hydrolate?

Abgesehen davon, dass wir sie selbst herstellen dürfen und können, ist die Auswahl wesentlich größer als bei den ätherischen Ölen. Laut Wikipedia kennen wir nur etwa 120 ätherische Öle, was etwa der Menge der üblichen Botanicals entspricht. Aber aufgepasst, jetzt kommt der Vergleich.

Wir kennen weltweit bis zu 30.000 verschiedene Pflanzen, die wir destillieren könnten. Ein Hydrolat können wir aus fast jeder Pflanze herstellen, auch wenn die destillierten Ergebnisse nicht immer wie erwartet duften. Etliche feine Blütendüfte, wie Jasmin, Veilchen oder Flieder beispielsweise, lassen sich über die Wasserdampfdestillation nicht gewinnen. Dafür ziehen wir erhabene Düfte aus Rosen, Geranien, Hibiskus oder Orangenblüten. Es ist eine enorm vielseitige Welt, die uns hier zu Füßen liegt, und es bleibt noch immer unglaublich viel Neues zu entdecken.

Gurke oder Rhabarber sollten wir vielleicht lieber in kaltes Wasser einlegen oder mit Alkohol destillieren, denn deren ansonsten appetitliche Aromen scheinen sich nicht im heißen Dampf zu lösen. Nichtsdestotrotz, wir kennen Tausende von Pflanzen, die sich gut destillieren lassen und großartige Hydrolate abgeben. Hydrolate erweitern das sonst übliche Aromaspektrum deutlich und erlauben uns die Verwendung von Pflanzen, die keine ätherischen Öle abgeben. Für unsere Zwecke sind hier insbesondere die Iris- und Angelicawurzel zu nennen.

Ein weiterer Vorteil ist, dass Hydrolate klar wie Wasser sind. Wenn Sie mit Mazeraten arbeiten, wird sich Ihr Gin farblich verändern. Beim Aufmischen mit Hydrolaten bleibt Alkohol in der Regel so glasklar, wie wir das für einen guten Gin normalerweise wünschen. Trotzdem sind Würzkraft und Duft deutlich zu schmecken, was uns direkt zu einem weiteren großen Vorteil führt.

Hydrolate lassen sich besser beimischen als die ätherischen Öle. Sie können wesentlich größere Mengen verwenden und Ihre Mischungen großzügiger und genauer bemessen. Hydrolate sind sozusagen die „kleinen Geschwister" der ätherischen Öle.

Eine stolze Sammlung verschiedener Hydrolate im früheren Aromamuseum.

Sie zeugen von gleicher Herkunft, sind aber doch deutlich zurückhaltender und zarter im Aroma.

Der einzige Nachteil ist die relativ geringe Haltbarkeit. Ein gekauftes Hydrolat ist oft nur wenige Monate haltbar. Manchmal wird die Haltbarkeit mit Alkohol oder anderen Zusätzen erhöht. Achten Sie beim Kauf darauf, frische und reine Wasserhydrolate ohne Alkohol zu erwerben – der zugesetzte könnte möglicherweise ein vergällter Alkohol für kosmetische Anwendungen sein. Dann wäre das Hydrolat für den Genuss völlig ungeeignet.

Noch etwas: Erinnern Sie sich an den Abschnitt über die ätherischen Öle und deren mögliche milchige Trübungen? Auch ein Hydrolat enthält oftmals noch Spuren und Reste von ätherischen Ölen. Um Trübungen zu vermeiden, empfehle ich Ihnen, ein Hydrolat nach der Destillation zunächst einige Tage ruhen und reifen zu lassen. Die enthaltenen ätherischen Öle sammeln sich während der Ruhezeit an der Oberfläche, am Flaschenhals, oder „kleben“ am Glas. Mit einer Pipette ist es möglich, das Hydrolat umzufüllen, ohne allzu viele der ätherischen Öle zu übernehmen. Wenn Sie ein nahezu ölfreies Hydrolat wünschen, empfiehlt es sich – wie im zuvor bereits angedeutet –, das Hydrolat kalt zu stellen und durch einen Falten- oder Kaffeefilter zu filtrieren. Die ätherischen Öle sollten im Filterpapier hängen bleiben. Wenn Sie das Papier zum Trocknen auf die Heizung legen, können Sie es noch zur Raumbeduftung verwenden und die Öle verdampfen lassen.

Wichtig zu wissen

Ein „normales“ Hydrolat ist anfällig für Bakterien oder Verunreinigungen der Umgebung. Sie sollten entsprechend möglichst strikte Hygieneregeln einführen. Fassen Sie Ihre Hydrolate nicht an, trinken Sie nicht aus der Flasche, und lassen Sie Hydrolate nicht offen im Warmen stehen. Der beste Platz für Ihre Sammlung wäre im Kühlschrank oder anderweitig kühl und dunkel gelagert. Angebrochene Flaschen sollten in absehbarer Zeit aufgebraucht werden.

Soweit die Theorie. In der Praxis sieht das glücklicherweise völlig anders aus. Vor allem, wenn Sie selbst destillieren, dann kennen Sie den genauen Zeitpunkt der Herstellung viel besser, als wenn Sie ein Hydrolat kaufen. Dadurch erhöht sich zwar die Haltbarkeit noch nicht, aber Sie können die „Wartezeit“ im Verkaufsladen zwischen der Destillation und dem Verkauf besser einschätzen. Sie können außerdem in verschiedene kleinere Fläschchen destillieren und diese direkt nach der Destillation verschließen. Vom Prinzip her tropfen alle Destillate zunächst einmal völlig steril und keimfrei aus der Destille! Verunreinigungen entstehen durch Ihren Umgang damit.

Nieder mit den Keimen!

Beim Destillieren werden Bakterien durch die hohen Temperaturen zuverlässig abgetötet. Im heißen Dampf kann normalerweise

Hydrolate können wir sehr gut auch selbst herstellen – hier frische Zitronenmelisse.

nichts überleben. Ihr Hydrolat ist zunächst keimfrei und steril, bis Sie es nach der Destillation auffangen und in Flaschen füllen. Hier sollten Sie bereits aufpassen! Läuft Ihr Destillat durch einen keimfrei ausgekochten Silikonschlauch in eine zuvor sterilisierte Flasche? Oder tropft es zuerst in einen Trichter? Verschließen Sie mit einem sauberen Deckel? Ein Sprühaufsatz verhindert später das Eindringen von Keimen und Sauerstoff in die Flasche. Sie können mit einem Pumpstoß den Duft erhaschen, ohne die Flasche öffnen zu müssen.

Noch etwas Besonderes: In Kupfer destillierte Hydrolate halten länger, da Kupfer zusätzlich antibakteriell, antiviral und antifungal auf das Pflanzenwasser einwirkt. Zu guter Letzt liegt die Haltbarkeit auch an der Pflanze selbst und an den enthaltenen Wirkstoffen, die Sie der Pflanze abdestillieren. Es ist logisch und leicht nachvollziehbar, dass Thymian, Pfeffer oder Nelken, aber auch Kamille, Melisse und Lavendel antibakteriell wirken und daher von sich aus bereits eine hohe Abwehrkraft gegen allerlei schädliche äußere Einflüsse und Verkeimungen mitbringen.

Aus meiner eigenen Erfahrung kann ich behaupten, dass selbst destillierte Hydrolate ohne Weiteres länger als ein Jahr halten, solange man „normale" Hygiene- und Vorsichtsmaßnahmen einhält. Doch dazu später mehr.

Das Beimischen von Hydrolaten

Das Wichtigste gleich vornweg: Hydrolate bestehen aus Wasser. Gießen wir sie in unseren Alkohol, dann wird dieser verdünnt. Sie verstehen, dass wir spätestens hier mit Wodka oder Korn nicht mehr weiterkommen und auf Höherprozentiges umsteigen müssen. Ein Gin sollte am Ende mindestens 38, besser 40 oder 42 Vol.-% beinhalten. Mit

Das Destillierbuch ist die perfekte Merkhilfe für alle Mischungen und Ergebnisse. Vorausgesetzt natürlich, Sie tragen auch ein, was Sie mischen und destillieren.

jedem Milliliter Hydrolat, Saft oder ätherisches Öl, den Sie unter den Alkohol mischen, verringert sich der Alkoholgehalt in Ihrem Getränk. Behalten Sie die Kontrolle über den Alkoholgehalt. Hochprozentiges bleibt länger haltbar.

Korn und Wodka eignen sich prima als „billige" Grundlagen zum Üben, Spielen und Panschen. Im Umgang mit den Hydrolaten müssen wir mindestens einen 60%igen Primasprit bereithalten, um Gin erzeugen zu können. Noch besser arbeitet es sich mit 96%igem Alkohol, denn den hohen Alkoholgehalt können Sie immer mit destilliertem Wasser und aromatischen Hydrolaten auf die optimale Trinkstärke herabsetzen.

Sinnvoll ist es, einen 100-Milliliter-Messzylinder zunächst auf 50 ml mit neutralem Alkohol zu befüllen und dann mit einer

Pipette nach und nach kleine Mengen der Hydrolate zuzugeben. Beginnen Sie – wie immer – mit unseren Lieblingen, Wacholder, Koriander, Angelica, Iris, Zitrone, und schmecken Sie sich vorsichtig an Ihr ideales Aroma heran.

Wichtig: Bitte vergessen Sie nicht, dass Sie es hier mit einer sehr hohen Alkoholkonzentration zu tun haben. Möglicherweise ist Ihre Mischung noch zu hochprozentig zum Verkosten. Sie sollten stets winzige Probegläser bereithalten und den Alkohol mit einer wassergefüllten Pipette auf die geschätzte Trinkstärke herabsetzen, bevor Sie etwas verkosten.

Darüber hinaus ist hochprozentiger Alkohol natürlich höchst brennbar. Sie sollten weder rauchen noch irgendwelche Flammen, Kerzen oder sonst etwas im Umfeld stehen haben. Vielen Dank dafür, dass Sie dazu beitragen, unser Hobby sicher zu machen.

Hydrolate können wir in den meisten Fällen, je nach Pflanze, auch als Getränk genießen. Bei „Destillatio“ pur, mit Kaffee oder klaren Bränden.

GIN „FRISCH“

Ganz genau genommen ergibt es keinen Gin, aber wer soll uns zu Hause unsere Grenzen setzen? Sie können sehr einfach zu aufregenden und leckeren Getränken kommen, wenn Sie einfach einen Korn, Wodka oder Höherprozentiges mit frischen Kräutern aus Ihrem Garten ansetzen.

Frische Kräuter sind wirklich interessant. Viele Ginliebhaber geben ohnehin zusätzlich weitere Zutaten in ihre Gins und Mixgetränke. Wer kennt nicht die Olive im „Martini Dry“, die Zitrone auf dem Gin Tonic, die Minze im „Moscow Mule“, einen Zweig Thymian oder Lavendel oder das Stück Gurke, welches sich immer weiter verbreitet und je nach Ginsorte wirklich sehr gut passt? Gurke oder Melone lassen sich übrigens nicht destillieren, sie müssen künstlich als Aroma zugegeben oder frisch angesetzt werden, um ihren Geschmack abzugeben.

Frische Botanicals aus meinem Garten, zum Ansetzen und Verfeinern.

Wenn Sie einen Gin oder ein Gin-Mixgetränk mit frischen Zutaten anreichern, dann sollten diese zusammenpassen. Es ist einfach, einen „Perfect Serve" zu finden, wenn man die Zutaten des verwendeten Gins kennt. Ist der Gin mit Lavendel destilliert? Dann passt ein Lavendelzweig hervorragend dazu und unterstützt die ohnehin enthaltenen Aromen. Sie sollten mit frischen Zutaten vorsichtig sein, wenn Sie den Gin nicht kennen. Dann können der Rosmarinzweig, der Lavendel, die Gurke oder das Basilikum störende Nebenaromen erzeugen, die der Gesamtharmonie entgegenstehen. Es bringt viel Spaß, mit frischen Zutaten zu experimentieren. Zitrone geht immer, Sie dürfen aber gern auch mit völlig anderen Zutaten experimentieren. Pfirsiche, Koriander, Rosenblüten, Himbeeren, Orangenschalen – was immer Ihnen einfällt oder zufällig in Ihrer Reichweite zu finden ist. Probieren Sie es aus.

Viele dieser „frischen" Zutaten sind bekannt als Beigabe zu einem fertigen Gin. Was aber würde passieren, wenn Sie eine neutrale Grundlage, also den oben erwähnten einfachen Korn, Wodka oder Primasprit, anstelle des Gins verwendeten? Richtig, Sie wären völlig frei in der Auswahl der Zutaten. Die Gurke würde das Getränk frisch, saftig und mild erscheinen lassen und überhaupt erst ein wahrnehmbares eigenes Aroma einbringen. Was passt Ihrer Meinung nach zur Gurke? Zitrone geht immer! Oder doch lieber Limette? Saft oder Schale? Nehmen Sie beides, und Sie haben schon drei frische Aromen vereint. Mögen Sie Dill? Wermut? Oder lieber Basilikum? Eine mediterrane Kräutermischung mit Oregano, Thymian und Rosmarin? Lavendel? Oder doch lieber Minze? Was wuchert denn in Ihrem Garten? Zitronenmelisse, Löwenzahn oder Kamille?

Sie sehen, auch hier bleiben Ihnen nahezu unendliche Möglichkeiten und Variationen, um Alkohol zu aromatisieren. Am Ende ergibt alles einen Gin, aber genau genommen nur dann, wenn er obendrein eine deutliche Wacholderkomponente aufweist.

Einfach Gurken in Wasser ansetzen. Das Gurkenwasser können Sie auch zum Herabsetzen für Ihren Gin verwenden.

Ein frischer Gin mischt sich in wenigen Minuten und kann mehr oder weniger sofort serviert werden. Je nach Pflanze empfehlen sich unterschiedliche Ziehzeiten. Gurke zieht schnell ins kalte Getränk, Melisse, Basilikum oder Minze brauchen länger, Lavendel noch etwas länger, und Rosmarin oder Tannennadeln brauchen sehr lange. Es empfiehlt sich, die „schwierigeren" Zutaten leicht anzustößeln, damit die Aromen schneller in Ihr Getränk übergehen. Auch Zitrusschalen geben Ihre ätherischen Öle nicht einfach so ab.

Ein Mojitostampfer (auch Cocktail-, Bar- oder Caipirinhastößel/-stampfer oder

Muddler genannt) ist ein nützliches Werkzeug und vollbringt Wunder. Theoretisch können Sie die Zutaten sogar durch den Mixer oder Smoothie-Maker jagen, was aber bei Zitrusfrüchten, Zapfen und Früchten mit Kernen bittere Aromen beimengt und in fast allen Fällen den Gin stark färbt.

Einen attraktiven Gin erhalten Sie, wenn sie nur stößeln, dann alles noch einmal abseihen und erneut etwas von den Zutaten als Deko zugeben.

Wie bekomme ich Wacholder in meinen „frischen“ Gin?

Wir vergessen bei all der Kräuterliebe bitte nicht, dass ein Gin immer nach Wacholder schmecken soll! Wacholder ist eine harzige, feste und zumeist angetrocknete Frucht. Er wird in der Kürze der Zeit nicht so viele Aromen abgeben, wie Sie sich vorstellen. Zudem sollte er zerkleinert werden, was ein wenig Vorarbeit erfordert. Stößeln ist nicht genug, wenn Sie Ihren Gin gleich darauf servieren möchten.

Am besten setzen Sie beizeiten eine Basis aus Wacholder und Alkohol an, die Sie dann als Grundlage verwenden können.

Wie immer bei der Komposition unserer eigenen Gins bleiben Ihnen etliche Möglichkeiten, um ein Wacholderaroma in Ihr Getränk einzubringen.

- Wacholder zuvor separat in Alkohol ansetzen und abfiltern,
- einige Tropfen ätherischen Wacholderöls dazumischen,
- hochprozentigen Alkohol mit Wacholderhydrolat mischen,
- Wacholder pulverisieren,
- Wacholder mit heißem Wasser ansetzen,
- gekauften Wacholderschnaps als Grundlage verwenden,
- eine fertige Wacholder- oder Ginaromaessenz benutzen ...
- ... oder auf ein deutliches Wacholderaroma verzichten.

Ich empfehle Ihnen, eine Grundmischung aus den wichtigsten Zutaten vorzubereiten und als Basis für frische Mischungen zu benutzen. 60 % Wacholder, 20 % Koriander und 20 % Angelica, mit Alkohol destilliert oder angesetzt, wären ein gutes Trio.

Ohne Alkohol

Auch wenn es ein wenig am Thema vorbei geht, möchte ich doch noch einmal auf die kalt angesetzten und oft völlig unterschätzten Kräuterwasser eingehen. Im Gegensatz zu den im nächsten Abschnitt folgenden Mazeraten benötigen sie – aus frisch angesetzten Kräutern und Früchten – kaum Zeit, um ihre feinen Aromen ins Getränk abzugeben. Diese Ansätze eignen sich hervorragend als sommerliche Erfrischungsgetränke ebenso wie zum Aromatisieren Ihrer alkoholhaltigen Gin-Basismischung und in allerlei Mixgetränken.

BOTANICALS KALT ANSETZEN (MAZERATION)

Die Mazeration ist die einfachste und bekannteste Methode, um „ehrlich" einen eigenen Gin herzustellen. Das Prinzip ist so einfach, wie zuvor mit den fertigen Aromaessenzen, ätherischen Ölen und frischen Kräutern, nur dass wir beim Mazerieren getrocknete und frische Kräuter, Wurzeln, Früchte oder sonstige Aromaträger ansetzen und über einen längeren Zeitraum durchziehen lassen.

Im Gegensatz zu den fertig gemischten Essenzen können wir beim Mazerieren beeindruckend unterschiedliche Ergebnisse erzielen, je nachdem, was wir auf welche Art und wie lange ansetzen.

Vielen Lesern wird die althergebrachte Methode, Kräuter oder Früchte mit Alkohol anzusetzen, bekannt sein. Rumtopf, Heilweine, Kräuterschnäpse und Liköre gehören wie der „Compound Gin" zu den Angesetzten.

Je nach Geschmack, mit oder ohne Zucker, ist die Methode immer die gleiche. Es wird Alkohol mit feinen Zutaten abgesetzt und dadurch aromatisiert. Genau genommen beschränkt es sich nicht einmal auf Alkohol, denn wie wir im letzten Abschnitt sehen konnten, entstehen schon durch das einfache Einlegen von frischer Zitronenmelisse oder Pfefferminze in Eiswasser fein aromatisierte sommerliche Erfrischungsgetränke, ebenso wenn man Früchte in Wasser legt.

Um die Unterschiede zu verstehen, empfehle ich Ihnen das folgende Experiment mit verschiedenen Mengen, Alkoholstärken, Zubereitungsarten und Mazerationszeiten. Sie werden überrascht sein, wie unterschiedlich die Ergebnisse ausfallen und was wir davon lernen können.

Pfirsichwasser: schnell angesetzt für fruchtig-erfrischende Aromen.

Gläser eignen sich hervorragend zum Ansetzen von Kräutern und Botanicals mit Alkohol.

Viele Botanicals verändern ihre Aromen im Laufe der Mazerationszeit. Zu langes Ansetzen bringt Harziges und Bitteres deutlicher hervor. Sie sollten Ihre Ansätze nicht zu lange stehen lassen. In der Regel genügen Mazerationszeiten von 24 Stunden bis hin zu einigen Tagen.

Zwölf Methoden, Wacholder anzusetzen

Ich empfehle Ihnen, zunächst etwas von Ihrem Wacholder zu zerkleinern. Die Intensität ebenso wie das Aromaspektrum entwickeln sich sehr unterschiedlich, je nachdem, ob Sie Wacholderbeeren am Stück einlegen, diese grob mit einem Wiegemesser zerstückeln oder sie in einer Kaffeemühle, einem Mixaufsatz oder im Smoothie-Maker pulverisieren. Logisch, denn durch das Zerschneiden vergrößern wir nicht nur die Oberfläche, wir erlauben zugleich dem Alkohol, bis tief ins Innere der Wacholderbeeren vorzudringen und alle im Zapfen enthaltenen Aromen herauszulösen.

Bietet das intensivere Aroma einen Vorteil bei der Ginherstellung? Um diese Frage für Sie selbst zu beantworten, empfehle ich Ihnen, jeweils eine kleine Menge ganzer, geschnittener und pulverisierter Wacholderbeeren in einem 38%igen Korn anzusetzen und täglich eine kleine Menge zu verkosten.

Da Sie schon dabei sind, setzen Sie doch bitte nochmal die gleichen Mengen mit einem 60- oder 70%igen Neutralalkohol an. Nur so können Sie direkt vergleichen, ob der 70%ige Alkohol im Vergleich zum 38%igen das Aroma verändert. Der stärkere Alkohol ist durchaus in der Lage, weitere Aromen schneller aus dem Wacholder zu lösen als der schwächere. Aber: Können Sie den Unterschied auch schmecken?

Schon nach kurzer Zeit sind deutliche Veränderungen in Farbe und Aromaintensität zu erkennen.

Mit höherprozentigem Alkohol werden tiefere und intensivere Aromen herausgelöst und entsprechend andere Ergebnisse erzielt. Ich empfehle zum Mazerieren Mischungen mit 60%igem Alkohol anzusetzen. Manche Brennereien setzen mit 96%igem an, andere mit nur 40%igem. Es liegt an Ihnen, alle Methoden auszuprobieren und die für Ihren persönlichen Gin perfekte Mazerationsstärke ebenso wie die perfekte spätere Trinkstärke herauszufinden.

Bitte vergessen Sie nicht, dass Sie einen wesentlich höherprozentigen Alkohol verkosten und mit hoher Wahrscheinlichkeit der Alkoholgehalt Ihr Geschmacksempfinden beeinträchtigt. Um wirklich vergleichen zu können, müssten Sie den hochprozentigen Alkohol mit destilliertem Wasser ebenfalls auf die 38 % des Korns herabsetzen. Bei Kleinstmengen empfiehlt es sich, die Menge Wasser auszurechnen, die dazugegeben werden sollte. Bei größeren Mengen können Sie ein Alkoholmeter benutzen. Mit etwas Gefühl für Mengen und

Aromen genügt es, vorsichtig Wasser dazuzumischen, zu messen und zu verkosten. Wie genau Sie vergleichen und verkosten möchten, ist Ihnen überlassen. Letztendlich kommt es darauf an, die für Sie beste Methode herauszufinden. Es wird Ihr Gin – und er soll Ihnen schmecken.

Sie haben jetzt sechs verschiedene Wacholderansätze, die Sie gegeneinander verkosten können. Beeindruckend ist sicher auch der Unterschied in der Farbe, von hellem Gold bis hin zu tiefem Schwarz, je nachdem, wie lange Sie Ihr Mazerat ziehen lassen.

Damit Ihre Erinnerung Ihnen später keinen Streich spielt, empfehle ich, die Ergebnisse zu notieren. In welchem Stadium schmeckt Ihnen der angesetzte Wacholder am besten? So kommt nämlich noch der Zeitfaktor dazu. Mit jedem Tag wird die Farbe dunkler und das Aroma intensiver. Vor allem die vermahlenen und geschnittenen Ansätze werden schnell stark harzig und vermutlich zu stark nach der „dunklen Seite" des Wacholders schmecken.

Die Kunst beim Gin ist die perfekte Mischung der Aromen. Fast immer sind eher feine Aromen erwünscht. Die Wacholdernote soll klar im Gin erkennbar sein, aber in den meisten Fällen möchten Sie nicht, dass die herben und harzigen Aromen dominieren. Farblich ist alles erlaubt, aber nicht alles sieht gut aus. Ein dunkles, harziges Getränk ist jedenfalls nicht, was geneigte Trinker von einem Gin erwarten.

Sie sehen, allein hier, immer noch am Anfang unserer abenteuerlichen Entdeckungsreise durch die vielfältige Welt der Aromatisierung, können wir schon extrem unterschiedliche Geschmacksrichtungen und Intensitäten aus nur einer einzigen Hauptzutat erzeugen. Ich hoffe, Sie haben Spaß dabei, mit mir noch einen Schritt weiter zu gehen.

Verschiedene Ansätze zum Vergleichen und Verkosten.

Es genügen ein Einmachglas, hochprozentiger Alkohol und die Botanicals, die wir uns wünschen.

„Bathtub Gin"? Eine der schönen Storys zum Mazerieren ist die der Badezuber- oder Badewannengins. In früheren Zeiten wurde Gin direkt am Ausschank frisch angesetzt. Lieferanten brachten Fässer mit Korn, und der wurde in den damals üblichen Badefässern mit Wacholder und weiteren lokal unterschiedlichen Botanicals mazeriert, zum Verkauf abgefüllt und ausgeschenkt. Der Name „Bathtub Gin" wird teilweise heute noch für angesetzte Ginsorten verwendet.

BOTANICALS WARM ANSETZEN (DIGESTION)

Das Digestieren ist dem bereits behandelten Mazerieren sehr ähnlich, nur dass der Behälter mit den Botanicals dabei beheizt wird oder, alternativ, die Botanicals mit heißem Wasser aufgegossen werden. Sie kennen sicher den Unterschied zwischen heiß und kalt vom Tee, der in kaltem Wasser zunächst kaum in der Lage scheint, sein Aroma zu verbreiten, frisch aufgebrüht aber in wenigen Minuten intensiv Farbe, Duft und Geschmack abgibt.

Sie wissen auch, was passiert, wenn Sie einen Tee zu lange ziehen lassen? Probieren Sie es doch einfach aus. Ein schwarzer Tee beispielsweise wird dunkel und bitter, wenn er zu lange zieht. Stellen Sie sich vor, wie intensiv die Aromen werden könnten, würden Sie Ihren Tee einige Tage lang beheizen und weiter ziehen lassen.

Warm angesetzte Botanicals geben ihre Aromen wesentlich schneller ab.

Wir wissen, dass ein schwarzer Tee nach drei Minuten durch das enthaltene Koffein anregend wirkt. Lässt man den Tee länger ziehen, lösen sich zusätzliche Inhaltsstoffe heraus, vor allem Tannine und Gerbstoffe. Diese verändern nicht nur das Aroma von einem leichten hin zu einem erdigen und bitteren, sondern auch die Wirkung. Das belebende Koffein bleibt, wird aber durch eine den Verdauungstrakt beruhigende Wirkung ergänzt. Der Körper entspannt, und der Geist bleibt wach. Zieht ein schwarzer Tee sehr lange, wird er zu einem wirksamen Hilfsmittel gegen Durchfall. Ich hoffe, Sie müssen es nicht allzu oft ausprobieren.

Umgekehrt können wir Tee auch kalt aufgießen. Aufgrund der behäbigen Langsamkeit der Moleküle in kaltem Wasser sollte ein „Cold-Brew"-Tee mindestens drei Stunden ziehen. Ein spannender Versuch ist das, wenn man die Methoden untereinander vergleicht. Kalt angesetzter Tee wird für viele Menschen bekömmlicher. Das kalte Wasser löst weniger entspannende L-Theanine und anregendes Koffein aus den Teeblättern, was den ursprünglichen beflügelnden Effekt mildert. Laut Wikipedia ist der Unterschied enorm! Mit heißem Wasser lösen Sie acht- bis neunmal mehr Koffein aus den Teeblättern als mit kaltem Wasser.

Wir erkennen an dem Beispiel mit dem Tee mächtige Unterschiede im Aroma, der Farbe und der Wirksamkeit bestimmter Ingredienzen, je nachdem, wie lange und bei welcher Temperatur wir in welchem Medium unsere Botanicals ansetzen.

Ich empfehle Ihnen, zum Spaß schwarzen Tee in Alkohol anzusetzen. Mit etwas Zucker gibt das einen prima herben Likör oder angesetzten „Teeschnaps“, den Sie natürlich auch mit weiteren Botanicals verfeinern können. Blüten oder Zitrusaromen vielleicht? Oder Wacholder? Dann wird es ein Gin. Vielleicht wird schwarzer oder grüner Tee bei dieser Gelegenheit eine beliebte Zutat für Ihren Gin? Tee ist ein bekanntes Botanical und verhilft unserem Gin zu „Körper“, wenn wir es benutzen.

Tee mit Alkohol ist ein spannendes Experiment! In der Regel ist Alkohol das „stärkere“ Medium und entsprechend in der Lage, Inhaltsstoffe schneller und besser aus dem Pflanzenmaterial zu extrahieren als Wasser. Gießen wir aber Tee mit kaltem Alkohol anstelle von kaltem Wasser auf, so liegt der Koffeingehalt bei gleicher Ziehzeit um etwa ein Viertel niedriger. Dass Sie nicht mit heißem Alkohol aufgießen, versteht sich von selbst, das könnte gefährlich und brennbar werden. Erinnern Sie sich? Wir wollten aufpassen, dass nichts passiert. Der Koffeingehalt läge trotzdem noch weit unter dem von Wasser.

Noch eine „Besonderheit“: In vielen Ländern bereitet man ein sehr intensives Teekonzentrat und lässt es lange ziehen, beispielsweise mit einem Samowar. So erhält man einen stark koffeinhaltigen und der Gesundheit zuträglichen Teesud, ein Konzentrat, welches aus der Kanne ausgeschenkt und mit heißem Wasser verdünnt wird. Ähnliches können wir bei der Aromaherstellung auch tun. Gin- und Aromakonzentrate eignen sich gut für unseren Gebrauch; sie lassen sich einfach herstellen und dosieren. Beim Wacholder oder einer fertigen Gingrundmischung würde ich es in jedem Fall empfehlen.

Es ist wichtig zu verstehen, dass die meisten Aromen und Auszüge, die wir herstellen, sehr kräftig sein können, wir für einen guten Gin aber nur wenig davon benötigen. Idealerweise legen wir uns zunächst eine Sammlung verschiedener Aromen an, bevor wir diese im Gin zu einem mundigen Gesamtkonzept verschmelzen. Wir können Botanicals einzeln ansetzen oder gleich alle zusammen. Genauso können wir sie so verwenden, wie sie sind, und sie mit Alkohol vermischen – oder durch eine Destille „jagen“ und verfeinern. Die Ginherstellung bietet uns wortwörtlich unendliche Möglichkeiten.

Zum Verständnis: Wasser besteht aus einer Vielzahl winziger Moleküle, die sich mit zunehmender Temperatur immer schneller bewegen. Dank der Bewegung können Sie mit heißem Wasser Aromen und andere Inhaltsstoffe schneller aus den Botanicals herauslösen.

20 Teilnehmer, 100 Botanicals, zehn neue Ginsorten: So kann es auf einem Gin-Seminar zugehen.

Wie können wir digestieren? Es genügt, einen Mazerationsbehälter warm zu stellen. Das kann kontrolliert über ein Thermostat in einem Einkochtopf oder auf einer Induktionskochplatte passieren – oder, einfacher: Sie stellen Ihr Mazerat einfach an einen warmen Platz.

Noch etwas: In früheren, magischen Zeiten der Zauberer, Hexen und Alchemisten wurde noch in Kreisläufen digestiert. Die Natur beschenkt uns mit hell und dunkel ebenso wie mit warm und kalt, im Tagesverlauf ebenso wie im Jahreskreis. In der Spagyrik (Pflanzenalchemie) werden diese natürlichen Kreisläufe heute noch genutzt, um beispielsweise ein Mazerat tagsüber am Fenster im prallen Sonnenlicht zu erwärmen und es in der Nacht wieder abzukühlen. Nutzt man diese Methode, und berücksichtigt dabei noch den Mondstand oder Tierkreiszeichen, wird es sehr einfach, eine schöne mystische Geschichte dazuzuspinnen.

BOTANICALS EXTRAHIEREN (PERKOLATION)

Das Perkolieren ist für uns im Hobbybereich möglicherweise zu aufwendig, obwohl die eigentliche Funktion eine ganz einfache ist und das Experimentieren mit einem Perkolator auch eine Menge Spaß macht.

Deutlich in Farbe und Aroma verändert: der perkolierte Gin.

Ich will es an dieser Stelle gern erklären. Vielleicht möchten Sie sich etwas basteln oder können sich so sehr für diese Methode begeistern, dass Sie sich einen eigenen Perkolator kaufen oder Ihre Kaffeemaschine umbauen. Ein Filterkaffee ist, genau genommen, ein Perkolat und eine normale Kaffeemaschine ein Heißperkolator.

Letztendlich geht es in der Aromagewinnung für unseren Gin darum, die alkohollöslichen Bestandteile aus den Botanicals auszuwaschen. In der Regel sind Perkolatoren schlanke, hoch gebaute und nach unten spitz zulaufende Geräte aus Steingut, Kupfer, Stahl oder Glas. Im Inneren werden die Botanicals eingeschichtet, idealerweise auf ein Sieb oder einen Filter, wie bei unserer Kaffeemaschine, und dann lässt man Alkohol (oder, wie beim Kaffee, heißes Wasser!) einlaufen.

Je nach gewünschter Intensität kann man den Inhalt zunächst eine Weile ziehen lassen, also eigentlich mazerieren, bevor man am untersten Ende den Ablauf öffnet und den Alkohol tröpfchenweise in ein geeignetes Gefäß laufen lässt.

An diesen Bildern können Sie gut erkennen, wie der reine Alkohol oben tropfenweise zugeführt wird, durch die Botanicals sickert und am Ende, in köstlicher Weise aromatisiert, heraustropft.

Hier liegt der eigentliche Unterschied zum Mazerieren. Durch das unten spitz zulaufende Ende verdichten sich die Botanicals und drücken weitere Aromen heraus. Um den Vorgang zu unterstützen und eine höhere Ausbeute zu erhalten, lässt man oben langsam und tropfenweise die gleiche Menge Alkohol zulaufen, die man unten entnimmt. Zum Ende der gewünschten Alkoholperkolation lässt man destilliertes Wasser nachlaufen, um den verbliebenen Alkohol auszuwaschen.

Bei der Ginaromatisierung können wir den Alkoholgehalt messen und bis auf Trinkstärke mit perkoliertem destillierten Wasser nachtropfen. Eine perfekte Methode, wenn Sie verschiedene Botanicals in einem Durchlauf perkolieren und nicht einzelne Botanicals für Ihre Sammlung extrahieren. Da darf es gern höherprozentig bleiben.

Die Bewegung und der leichte Druck im Perkolator sorgen für ein schnelleres Auslösen der Aromen. Bei der Kaffeemaschine kommt noch die Temperatur dazu. Erinnern Sie sich, mehr Bewegung beschleunigt die Aromatisierung. Eine höhere Temperatur sorgt für mehr Bewegung. Die meisten Filterkaffeemaschinen tropfen zunächst einige Tropfen heißes Wasser auf den Kaffee und feuchten diesen durch, bevor sie mit dem „eigentlichen" Perkolieren beginnen.

Die größte Schwierigkeit mit einem heute beziehbaren kleinen Hobbyperkolator aus Glas bleibt neben der Zerbrechlichkeit vor allem die Reinigung am Ende des Vorganges. Aufgrund der sehr feinen Durchmesser des Kapillarganges im Glashahn ist es schwierig, den Perkolator sauberzubekommen und feine Botanicals auszuwaschen. Ich empfehle, einen Filter einzulegen, vielleicht ein Stückchen Watte oder ein Sieb, um ein Verstopfen zu verhindern, und sich vorher schon zu überlegen, wie Sie es wieder herausbekommen.

Ansonsten bringt das Perkolieren von Gin eine Menge Freunde und könnte den Vorgang der Destillation vom Spaßfaktor her fast ersetzen, vor allem, wenn man vielleicht mit Freunden oder an einem romantischen Abend mit der Partnerin gemeinsam perkoliert. Sie können eine zuvor abgestimmte Hausmischung ebenso wie ge-

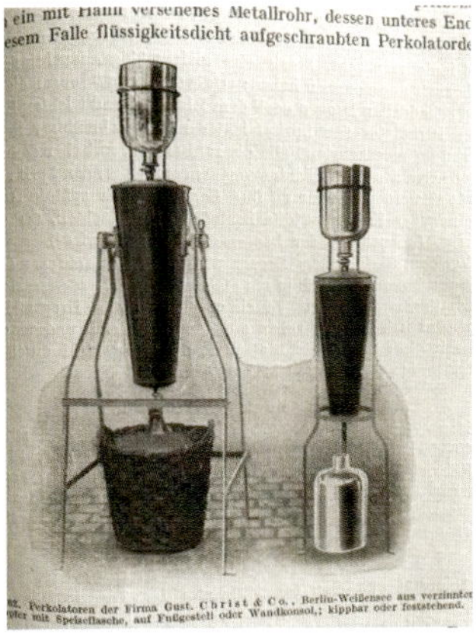

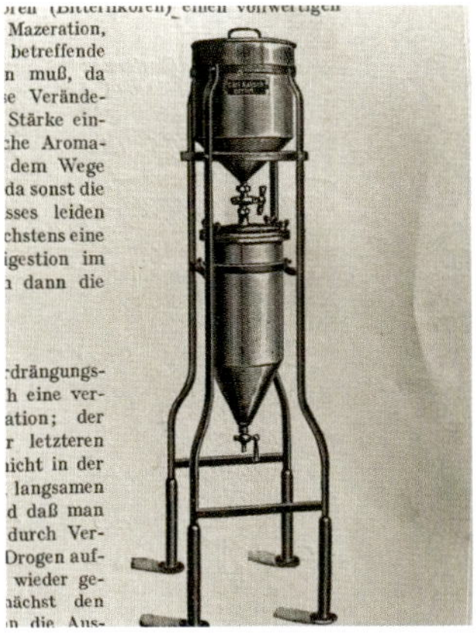

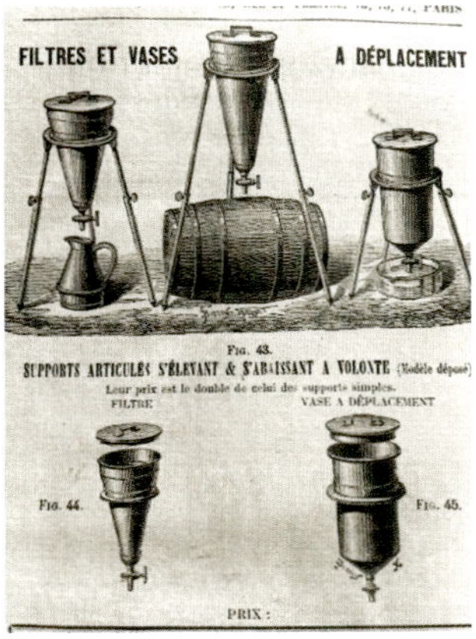

Historische Zeichnungen kupferner Perkolatoren aus einem Katalog aus dem 19. Jahrhundert.

meinsam ausgewählte Botanicals frisch in ein mit Eis gefülltes Glas eintropfen lassen und direkt genießen. Das Aroma ist intensiv und aufregend schmackhaft, weswegen wir es als Grundlage sehen und mit reichlich neutralem Alkohol aufmischen sollten, um einen „feinen" Gin zu erhalten.

Ich denke, das Perkolieren bringt ebenso wie das zuvor beschriebene Digestieren für unsere Zwecke im Hobbybereich keine echten Vorteile. In der industriellen Herstellung finden beide Methoden dennoch ihren festen Platz, denn dort heißt es: „Zeit ist Geld!" Beide Methoden ziehen die Aromen schneller aus dem Pflanzenmaterial, als wenn man einfach nur mazeriert. Für uns im Hobbybereich sind sie ein interessanter Spaß, aber keine Notwendigkeit.

Ich freue mich sehr darauf, nun endlich zur Königsdisziplin voranzuschreiten, dem Destillieren.

Dieser kupferne Perkolator nach historischem Vorbild ist eine tolle Ergänzung zu dem kleinen „Fluidi" und ab April 2022 lieferbar.

GIN DESTILLIEREN

Destillierter Gin ist und bleibt die Königsklasse unter den Ginvarianten und ist nicht ohne Grund in den meisten Fällen im Handel etwas teurer als die gemischten „Compound"-Sorten. Der Unterschied zu den Angesetzten und Gemischten ist, dass wir beim Aromatisieren weniger vorsichtig sein müssen, denn wir destillieren „noch einmal drüber", was in allen Fällen die zuvor extrem kräftigen Aromen deutlich verfeinert, harmonisiert und die Farbe herausnimmt.

Auf diesem Bild sehen Sie ein stark gelbes Mazerat mit frischem Kurkuma. Das rechte Glas zeigt den daraus destillierten klaren Gin.

WO FANGEN WIR AN?

Am besten beim „London Dry Gin". Wie wir bereits wissen, muss ein „London Dry" nicht aus London kommen, aber dafür in einem einzigen Durchgang, als „One-Batch"-Destillation, gebrannt werden, und es dürfen (sollen) nur die gelisteten 120 Botanicals verwendet werden. Weder darf er später nacharomatisiert, noch darf Zucker zugegeben werden. Ein „London Dry" unterliegt den strengsten Regeln unter den Ginsorten.

Sie dürfen für einen „London Dry Gin" Mazerate destillieren, Botanicals direkt in den Brennkessel geben, während des Brennvorganges einen Aromakorb einhängen und die Botanicals durchdampfen. Auch eine Mischung aus allen drei Methoden ist legitim, so könnten Sie beispielsweise frische Zitronen oder weitere Botanicals kurz vor der Destillation zu Ihrem Mazerat im Brennkessel dazugeben oder in den Dampf hängen.

Der „London Dry" ist die ehrlichste aller Ginsorten, und es kommt nur darauf an, dass er in einem Rutsch gebrannt wird.

Es ist nicht sehr schwer, einen „London Dry" selbst herzustellen. Sie müssten natürlich eine Destille besitzen und diese auch für Alkohol benutzen dürfen oder wollen. Die Kunst beim „London Dry" liegt in der perfekten Mischung der Botanicals und der vorherigen Mazeration. Das Brennen selbst ist keine allzu große Kunst und erfordert entsprechend auch keinen (Brenn-) Meister mehr.

Probieren Sie es aus! Für den Anfang empfehle ich Ihnen ein einfaches Grundrezept.

Gin-Grundzutaten: Setzen Sie 6 g Wacholder, 3 g Koriander und jeweils 1 g Angelica und Iriswurzel mit einem Liter 60%igen Alkohols an. Je nach eigenem Geschmack geben Sie vorsichtig dazu, was Ihnen angenehm erscheint. Vielleicht Zitronenschalen, etwas Süßholz, Lavendel, einen Hauch Zimt oder ein wenig Pfeffer. Es liegt bei Ihnen.

Die Mischung lassen sie drei Tage lang ziehen, bevor Sie sie komplett in den Brennkessel Ihrer Destille einfüllen und langsam aufheizen.

Bei einem gekauften Neutralalkohol sind Vorlaufschadstoffe und unangenehme Fuselaromen aus dem Nachlauf bereits sauber abgetrennt. Ihr Lieferant ist gesetzlich verpflichtet, einen „sauberen" Alkohol zu liefern. Sie können recht frei destillieren, ohne Methanolvergiftungen oder fuselige Nebenaromen, wie einst im 17. Jahrhundert, befürchten zu müssen!

Aber, für viele vielleicht unerwartet: Beim Destillieren von Botanicals und Aromen müssen wir trotzdem Vorlauf und Nachlauf berücksichtigen, weil Aromen aus den Zutaten im Verlauf der Destillation unterschiedlich hervortreten. Anfang ebenso wie Ende werden nicht immer angenehm erscheinen.

Zwei-Liter-Brennkessel mit einem Liter vom Mazerat und frischen Zitronen.

Der typische Verlauf einer Gindestillation mit Botanicals wird zuerst noch leichte Spuren von Methanol und Aceton zeigen. Einen völlig vorlauffreien Alkohol kann es aufgrund der stets fließenden Übergänge zwischen Alkohol und Wasser kaum geben. Es macht Sinn, die ersten Tröpfchen beiseitezustellen. Eine gute Nase kann den Unterschied riechen.

Direkt nach dem Vorlauf destillieren wir unseren Trinkalkohol (Ethanol), und der wird gleich zu Anfang eher flüchtige und feine Zitrusaromen aufweisen, während die Note im Mittelteil, unserem Herzstück, tiefer und beständiger wird und der Wacholder als Grundton ebenso wie umgebende warme, vielleicht erdige und krautige Töne hervortreten. Erst zum Ende der Destillation werden die würzigen und kräftigen Noten folgen.

Sie sehen, Ihnen bleibt auch im Destillationsverlauf die Wahl, beispielsweise die kräftigeren Noten am Ende zu beschneiden und entsprechend weniger davon in Ihren Gin zu übernehmen. Sie erhalten ein leichteres, frischeres Getränk. Ebenso könnten Sie am Anfang die leichteren und frischen Töne übergehen und einen entsprechend tieferen würzigen Gin brennen.

Die perfekte „One-Batch"-Destillation

Heizen Sie langsam auf! Unser Ethanol hat seinen Siedepunkt bei 78,37 °C. Eventuelle Restspuren von Methanol und anderen im Vorlauf enthaltenen Stoffen sind früher flüchtig und können durch das gemächliche Aufheizen bei niedriger Temperatur teilweise separiert werden, weil sie als allererstes aufdampfen und sich ihren Weg durch die Destille bis in den Kühler suchen.

Hier habe ich in vielen kleinen Gläsern hintereinander die ersten Milliliter der Destillation gesammelt und kann entscheiden, ob sie in meinen Gin dürfen oder lieber doch nicht.

Wie eingangs erklärt müssen Sie beim Arbeiten mit gekauftem Alkohol nicht mit besonders viel Methanol im Vorlauf rechnen. Dieser wurde bereits bei der ursprünglichen Destillation Ihrer Grundlage professionell abgetrennt. Dennoch lohnt es sich, die ersten Tropfen separat aufzufangen und mehrere davon hintereinander in verschiedenen Fraktionen zu sammeln.

Ich benutze hierzu eine Reihe kleiner Gläser, in die ich anfangs nur wenige Milliliter destilliere, bevor ich sie austausche und das nächste Glas benutze. Wenn ich diese der Reihe nach aufstelle oder beschrifte, kann ich später sehr genau hineinschnuppern, in Ruhe verkosten und entscheiden, welcher Inhalt mir im Aroma angenehm und sauber erscheint, also noch zu meinem Gin in die Flasche darf, oder ob ich ein oder zwei der ersten Gläser lieber aussortiere.

Achten Sie darauf, dass Sie nicht zu stark aufheizen. Die Temperatur sollte sich möglichst über die ersten zwei Drittel des Destillierverlaufes hinweg bei 80 bis 82 °C halten und erst zum Ende hin bis auf maximal 90 °C klettern. Wir versuchen, auf diese Art den aromatischen Alkohol aus dem Brennkessel von den wässrigen Bestandteilen zu trennen, und das klappt bei niedriger Temperatur am besten.

Zum Verständnis: Der Siedepunkt unseres Trinkalkohols (Ethanol) liegt bei 78,37 °C, der von Wasser bekanntermaßen bei 100 °C. Zumindest bei normalem Wetter auf Meereshöhe. Wir erkennen eine Differenz von mehr als 20 °C. Da sich Wasser mit Alkohol vermischt, können wir beides gemeinsam destillieren. Was wir möchten, ist aber, dass sich beide Stoffe während der Destillation voneinander trennen. Laut Lexikon ist eine Destillation ein thermisches Trennverfahren, und genau das nutzen wir bei der Ginbrennerei. Wir trennen den Alkohol vom Wasser und versuchen, so hochprozentig auszudestillieren, wie es uns mit unserer Destille möglich ist. In einem Durchgang!

Damit das gelingen kann, halten wir die Temperatur niedrig, wie zuvor erklärt kaum über 80 °C, weil sich bei dieser Temperatur die leichter flüchtigen Alkoholdämpfe mit den ebenfalls leichter flüchtigen Aromen der ätherischen Öle aus unseren Botanicals vom Wasser lösen. Die Destillation dauert zwar länger, aber wir erhalten dafür ein fein aromatisches, hochprozentiges Destillat.

Benutzen Sie einen Messzylinder, und prüfen Sie den Alkoholgehalt mit einem Alkoholmeter. Je nach Destille landen wir im ersten Durchgang schon bei 80 Vol.-%, und genau so soll es sein.

Langsames Destillieren bei eher niedriger und gleichmäßiger Temperatur trennt den Alkohol mit den enthaltenen Aromen besser vom wässrigen Teil.

Mit etwas Gefühl für den Vorgang steigern Sie zum Ende hin die Temperatur leicht. Ich empfehle, auch am Ende in verschiedene Fraktionen, in kleine Fläschchen oder Gläser zu destillieren, um den perfekten Moment des Abtrennens und das genaue Ende der Destillation nachträglich in Ruhe bestimmen zu können.

Mit sinkendem Alkoholgehalt wird die Temperatur steigen, und das Destillat wird wässrig. Wir erinnern uns. Die Übergänge sind immer fließend, und es liegt an uns, den richtigen Moment zu bestimmen. Möglicherweise hinterlässt das niedrigprozentige Destillat an Ende noch einen appetitlich-würzigen Eindruck auf Ihrer Zunge? Sie dürfen es gern für Ihren Gin verwenden. Es liegt an Ihnen, zu entscheiden, welchen Teil Sie in Ihrem Gin behalten und welchen Teil Sie lieber verwerfen.

Eines ist logisch: Sie können nicht mehr Alkohol herausdestillieren, als Sie zuvor zugegeben haben. Einen Teil werden Sie immer als Verlust abschreiben müssen, weil er als Vorlauf abgetrennt wird oder als Restalkohol im Kessel verbleibt.

Rechenbeispiel: In einem Liter vom 60%igen Ansatz sind 600 ml reiner Alkohol enthalten. Mit etwas Glück und sorgfältigem Arbeiten können Sie nach Abzug aller Verluste und dessen, was Sie verkosten, etwa 0,5 bis 0,7 l in einer Stärke von 70 bis 80 % herausdestillieren. Mit destilliertem Wasser auf die üblichen 40 % Trinkstärke herabgesetzt ergibt das mindestens einen Liter, also zwei handelsübliche 0,5-Liter-, mit etwas Glück sogar 0,7-Liter-Flaschen, die Sie nach der Destillation mit Ihrem „One Batch London Dry Gin“ füllen können. Sie sehen, das lohnt sich.

Wie immer gilt: Bitte lassen Sie den Gin nach der Destillation noch 14 Tage lang kühl und dunkel gelagert ziehen. Ist er gelungen? Dann habe ich gute Nachrichten: Wenn Sie sich die genaue Menge der Zutaten gemerkt haben, können Sie ihn jederzeit exakt reproduzieren.

Distilled Gin

Der zweite im Bunde ist der „Distilled Gin". Im Gegensatz zum oben nach strengen Richtlinien destillierten „London Dry Gin", wo alle Botanicals in einem Durchgang gebrannt werden, dürfen wir beim „Distilled" oder „Dry Gin" (ohne den Zusatz London) auch nach der Destillation noch mit Botanicals und zusätzlichen Zutaten spielen.

Dies ist die Kategorie für wirklich Kreative, mit unglaublich vielfältigen Möglichkeiten und der Erlaubnis, misslungene Gins einfach erneut zu brennen oder zusätzlich zu aromatisieren. Beispielsweise könnten Sie mit Gurkenwasser oder Hydrolaten anstelle von destilliertem Wasser auf Trinkstärke herabsetzen, frische Kräuter oder Früchte zugeben oder nach der Destillation noch einmal mit einzelnen Botanicals mazerieren.

Der offiziellen Bestimmung nach muss der „Dry Gin" zwar zwingend destilliert werden, darf darüber hinaus aber zu jedem beliebigen Zeitpunkt weiter mit natürlichen Zutaten und Botanicals verfeinert werden.

Wichtig: Hier finden wir einen weiteren Unterschied. Im Gegensatz zu den 120 offiziell erlaubten Botanicals für den „London Dry" dürfen Sie den „Dry Gin" mit beliebigen natürlichen Zutaten verändern oder von vornherein andere Zutaten verwenden.

Dadurch erweitern sich die Möglichkeiten enorm. Es nicht verwunderlich, dass moderne Gins mit ungewöhnlichen Zutaten oder leichter Farbe als „Distilled" oder „Dry Gins" angeboten werden.

Ich muss Sie leider nachstehend mit einem für viele vielleicht unappetitlichen Experiment schockieren, um die Möglichkeiten zu demonstrieren. Glücklicherweise ist das Experiment gelungen, und ich kann es zur Nachahmung empfehlen. Es wird Ihnen wahrscheinlich völlig neue Möglichkeiten aufzeigen.

Das Kasseler-Experiment

Was verstehen Sie unter einem typisch deutschen Essen? Ich hatte fettige Stückchen Kasseler mit Sauerkrautresten und den zuvor mitgekochten Gewürzen Wacholder, Kümmel und Lorbeer, etwas Senf sowie einer übrig gebliebenen Salzkartoffel, mit Butter und Petersilie und einem Schluck Bier mit Korn angesetzt und drei Tage ziehen lassen. Dann habe ich das alles zusammen destilliert.

Warum auch nicht? Ein urdeutscher, vielleicht hessischer Gin, und für mich etwas wirklich Besonderes. Ich esse relativ wenig Fleisch. Alle Zutaten waren in Bio-Qualität gekauft und eigenhändig zubereitet worden. Etwas davon wegwerfen zu müssen, hätte mir leidgetan. Da stecken allein schon etliche Geschichten drin, es geht aber weiter mit der Story.

Da ich diese Mischung in Deutschland gar nicht hätte destillieren dürfen, bin ich an meinem Geburtstag mit einem gemieteten Wohnmobil ins benachbarte Ausland gefahren und habe dort gebrannt. Ein Geburtstagsgin? Ein Reisegin?

Im Wesentlichen kann man davon ausgehen, dass alles, was ätherische Öle in sich trägt, auch Aromen abgibt, die wir für unseren Gin nutzen können. Wir können aber viele Aromen auch „ernten", indem wir Botanicals einlegen, und als dritten Aromaträger können wir Fette ansehen. Ich habe

Sobald Fett und Gewürze im Spiel sind, lässt es sich nicht nur schmecken, sondern auch destillieren. Wie wird er heißen? Kasseler- oder Krautgin? Brennen im Wohnmobil: Es gibt immer eine Lösung.

auch schon einmal einen spanischen Serrano-Schinken sehr appetitlich mit Alkohol destilliert und werde mich demnächst an „Gambas al ajillo“ wagen, also Garnelen mit Knoblauch und allerlei Gewürzen in Olivenöl. Ich kann mir gut vorstellen, dass sich der für mich köstliche Geschmack aus dem Olivenöl nach dem „Kochen“ der Gambas ebenfalls für einen Gin nutzen lässt.

BESCHAFFUNG DER BOTANICALS

Kaufen

Die wahrscheinlich sicherste Methode, um schnell an qualitativ hochwertige Botanicals in größerer Auswahl zu kommen, ist auch die einfachste. Zumindest dann, wenn man die mit dem Geldverdienen nötige Arbeit nicht dazurechnet. Alle Botanicals lassen sich in guter Qualität irgendwo kaufen!

Eine stattliche Menge an brauchbaren Botanicals finden Sie vermutlich schon in Ihrem Gewürzregal zu Hause oder im nächsten Supermarkt. Wenn Sie die Möglichkeit haben, dann empfehle ich Ihnen, alles in Bio-Qualität zu kaufen. Es gibt Sie nur ein-

Ich freue mich auf die nächsten Experimente!

Eine gute Mischung an brauchbaren Botanicals finden Sie vielleicht schon in Ihrer Küche. Wer gut und gern kocht und würzt, ist hier im Vorteil.

mal, und Sie sollten es sich wert sein, die paar Euro zusätzlich für beste und möglichst unbelastete Qualität auszugeben.

Leider sind die Beutelchen und Gläser im Supermarkt meistens relativ klein, enthalten nur wenige Gramm und sind entsprechend verhältnismäßig teuer. Bei einigen Zutaten werden Sie größere Mengen benötigen.

Es ist an der Zeit, sich nach einem Kräuterhändler Ihres Vertrauens umzusehen. In den meisten größeren Städten gibt es spezielle Fachgeschäfte, die Kräuter, Gewürze und andere Drogen auch in größeren Mengen abgeben und Raritäten beschaffen können.

Alternativ bleiben die klassischen Märkte, wo immer noch, wie in früheren Zeiten, die „fahrenden" Gewürzhändler ihre duftige Ware feilbieten. Bei größeren Mengen können Sie hier vielleicht sogar gute Rabatte aushandeln und besonders frische Ware für einen nächsten Markt vorbestellen.

Ansonsten leben wir in modernen Zeiten, und Versandhändler können vermutlich eine umfangreichere Auswahl schneller und in besserer Qualität liefern als der kleine Händler ums Eck. Vor allem, wenn es um besondere Spezereien geht, ist das Internet

Wilde Kamille wächst bei uns gern auf brachliegenden Wiesen und Feldern.

Noch mehr frische Botanicals: Minze, frisch aus dem Wald.

heute vielleicht die beste Wahl. Sie müssen wissen, bei wem Sie gern einkaufen möchten und wem Sie vertrauen.

Frische Kräuter erhalten Sie in allerlei Qualitäten als komplette Pflanzen im Topf. Sicher gibt es eine stattliche Auswahl an Gärtnereien, Bau- und Gartenmärkten oder auch Supermärkten in Ihrer Nähe, die Standardkräuter wie Minze, Basilikum, Rosmarin, Thymian oder Lavendel in frischer Qualität bereithalten und gern abgeben.

Scheuen Sie sich nicht, zu kaufen, was Ihnen gefällt oder spannend erscheint. Oft genügt es, die Augen etwas offen zu halten, um die eine oder andere interessante Zutat zu entdecken. Im Urlaub, bei Bekannten oder zufällig beim Einkaufen. Im Gin ist alles erlaubt. Sie dürfen mit Obst und Beeren, mit speziellen Züchtungen, wie beispielsweise der „After-Eight"-Minze, mit getrockneten Pilzen oder frischen Trüffeln, mit Zutaten wie Orangeat oder Zitronat aus der Backabteilung und mit Kaffee und Kakao experimentieren. Am Ende gibt alles einen Gin.

Sammeln

Ich hatte eingangs erwähnt, dass bei einem guten Gin auch die Geschichte und die Herkunft eine Rolle spielen. Das muss nicht immer so sein und ist vielleicht bei der Menge unterschiedlicher Gins, die wir aus Spaß fabrizieren könnten, gar nicht möglich. Trotzdem macht die Story den Gin erst aufregend und spannend. Die passende Geschichte erhöht den Genuss.

Also gehen wir raus. Viele Geschichten entwickeln sich von selbst, wenn wir erst einmal draußen sind. Oft genügt die Beschäftigung mit der Natur und dem „Sein". Auch beim Sammeln. Vielleicht begegnen wir unterwegs etwas Besonderem. Einem großen Ameisenhaufen? Einer freundlichen Katze? Oder einer garstigen Spinne? Vielleicht war es auch anstrengend, und wir erinnern uns an schmerzende Füße oder erfreuen uns an den Kalorien, die wir verbrannt haben. Ein schöner Sonnenuntergang, ein friedlicher Bach, ein ungewohnter Duft oder einfach eine wundervolle Wiese voller Botanicals.

Erinnerungen aus dem Spanienurlaub: Wacholder- und Pinienzapfen, Thymian und Lavendel.

Zum Trocknen aufgehängte Minze in meiner Scheune.

Das Sammeln von wild wachsenden Pflanzen kann durchaus Spaß machen und ist der Gesundheit höchst zuträglich. Selbst dann, wenn keine große Story dabei herausspringt, werden wir uns dennoch später an das Sammeln und die Besonderheiten der Umgebung erinnern. Den Gin können wir im Schein dieser Erinnerung hochgradig genießen. Ein eigener Gin ist kostbar, er beinhaltet unsere eigenen Erlebnisse.

Geschichten können aus dem Urlaub stammen. Botanicals wachsen nicht nur im Kräuterbeet. Oder von der Kräuterwanderung am Wochenende. Egal. Es regt an, sich ausgiebig mit den Pflanzen zu beschäftigen und zu sehen, wo und wie sie wachsen, wie sie sich im Jahresverlauf verändern, sie anzufassen, zu beschnuppern, zu pflücken und zu konservieren. Gin und Pflanzen gehören zusammen. Ein Gin erhält seine Aromen aus der Natur. Oft entwickeln sich die Geschichten dazu von ganz allein. Oder die Erinnerungen.

Was wächst bei Ihnen?

Was wächst denn in Ihrer Umgebung oder an den Plätzen, an denen Sie sich gern aufhalten? Wir Menschen laufen gelegentlich mit einer gewissen Blindheit durch die Welt und übersehen des Öfteren den Reichtum der Natur. Dabei soll unser Gin doch genau danach schmecken. Wir sollten unsere Wahrnehmung schärfen, nicht nur den Geschmackssinn. Es lohnt sich.

Öffnen wir Augen und Nase beim Spazierengehen, nehmen wir wahr, welch vielfältige Pracht uns umgibt. Sehr vieles dürfen und können wir pflücken, verarbeiten und für unsere Ginexperimente aufbewahren und sammeln.

Vielleicht denken Sie, da wäre nichts? Meistens ist da doch sehr viel. Selbst in den Städten. Man muss es nur sehen können oder wollen.

Bäume nicht vergessen!

Keine Bäume weit und breit? Schade, denn Fichtensprossen, Tannennadeln oder Kiefernzapfen wären schon sehr spannend. Destillieren Sie Ihren Weihnachtsbaum, wenn Sie keinen Wald in Ihrer Umgebung finden. Die Nordmanntanne gibt ein feines Hydrolat und zumeist auch einige Tropfen an ätherischem Öl. Sie sehen, worauf ich hinauswill? Botanicals finden wir überall und jederzeit.

Wie wäre es mit Laubbäumen? Lindenblüten, Kastanien, Bucheckern und Eicheln. Oder Obst? Äpfel und Birnen? Kirschkerne und Mandeln? Da kann man was daraus machen. Das Holz des Maulbeerbaumes ist ein großartiger Aromaträger. Andere Holzarten auch. Und erst die Harze!

Was bieten uns die Bäume? Rinde, Holz, Früchte, Nüsse, Blüten, Zapfen, Harze, Blätter und Nadeln. Eine unglaubliche Vielfalt, und je nach Baum und Anwendung mit unterschiedlichen Aromen, Wirkungen, Farbtönen. Bäume sind toll.

Achten Sie aufs Gestrüpp

Vielleicht finden Sie Holunder, Schlehen oder Sanddorn. Da draußen wächst so viel. Auch Unkraut. An den Flüssen wuchert das Springkraut. Hat jemand schon einmal die Samen geröstet und in einem Gin verarbeitet? Ich weiß es nicht. Vielleicht bin ich der Erste. Die Samen kann man leicht einsammeln. Springkraut macht Spaß und bringt Kinder zum Lachen. So entstehen Geschichten.

Sehen Sie die Brennnesseln am Wegesrand? Hopfen wächst gern über die Büsche. Löwenzahn, Schafgarbe und Gänseblümchen. Das wächst doch überall. Oder täusche ich mich?

In meinem Garten wuchern Melisse, Oregano, Minze und allerlei mehr.

Und erst der Garten!

Vielleicht haben Sie Glück und einen tollen Garten. Bei mir wuchern Zitronenmelisse und Oregano. So viel kann ich gar nicht verarbeiten, wie da jedes Jahr aufs Neue durchkommt. Da wachsen auch Lavendel, Thymian, Rosmarin, Schnittlauch, Petersilie, Sauerampfer, Waldmeister, Wermut, Baldrian, Colakraut, Löwenzahn, Rosen, Gänseblümchen, Minze, Ringelblume, Sonnenhut und viel mehr.

Wundervolle Gärten entdecken wir an vielen Orten. An manchen ist es sogar erlaubt, sich ein wenig zu bedienen. Fragen kostet nichts. Achten Sie auf die Gärten von Klöstern und Burgen, auf Schau- und Bibelgärten und nicht zuletzt auf botanische Gärten. Sie können überall fündig werden. Auch im Urlaub.

Souvenir aus dem Urlaub
Je nachdem, wo Sie Urlaub machen, werden Sie auf eine Vielzahl spannender neuer Pflanzen treffen. Im Urlaub ist jede Begegnung eine Geschichte. Das Sammeln der Kräuter eignet sich für die ganze Familie und lässt sich gut mit allerlei Ausflügen in der Region verbinden. Verrückte (wie ich) nehmen sogar ihre Destille mit.

Es wird Ihnen neben den unbekannten und exotischen Gewächsen wahrscheinlich bald auffallen, dass wir manche Pflanzen immer wieder anreffen. Wacholder zum Beispiel. Bis fast an den Polarkreis heran finden wir

Algen aus Norwegen: Wir haben sie noch im Urlaub frisch destilliert und ein wunderbares Meeresdufthydrolat als Souvenir mit nach Hause gebracht.

Perfekte Lösung übers ganze Jahr: frische Botanicals selbst trocknen, einfrieren, in Alkohol einlegen oder zu aromatischen Hydrolaten und ätherischen Ölen destillieren.

kleine, aromaintensive Wacholderbeeren genauso oft wie die etwas größeren bei uns oder die trockenen, großen im mediterranen Raum. Spannend, diese Unterschiede, auch in der Intensität.

Eine weitere Pflanze, die uns überall und in Hunderten verschiedenen Variationen begegnet, ist der Lavendel. Man könnte eine eigene Sammlung nur mit Lavendelblüten anlegen. Auf meiner letzten Skandinavienreise haben wir Meeresalgen destilliert und ein herrliches, nach Hafen und Strand duftendes Meereshydrolat gewonnen. Großartig, auch wenn ich nicht sicher bin, ob ich es in meinem Gin schmecken möchte.

Botanicals für den eigenen Gin

Ich könnte mich kaum entscheiden, was für meinen persönlichen Gin die wichtigsten Zutaten wären. Ich sammle sie alle, und je nach Lust und Laune landet alles irgendwann in einem Getränk oder in der Küche.

Wer kochen kann, der lernt das Organisieren. Wer viel kocht, der kann auch mit Gewürzen, Kräutern und anderen Zutaten umgehen und weiß irgendwann, welche davon am besten zusammenpassen.

Kochen oder destillieren? Das hier enthält zwar auch Botanicals, wird aber im Essen landen.

Wussten Sie, dass es einen „Frankfurter-Grüne-Soße"-Gin gibt. Nach Goethes Lieblingsrezept? Oder einen „Bäckerei"-Gin mit altem Brot als Geschmacksträger? Ich habe schon Serrano-Schinken destilliert. Mit Alkohol ein Genuss, mit Wasser unerträglich nach Fett schmeckend. Ulrich Bultman aus der „Hunnbloom"-Brennerei in Bad Segeberg erzählte mir von seinem „Coq-au-vin"-Destillat, und von der Kölner „Pittermanns"-Destillerie kennen wir den „Schlachtplattegin" mit Sauerkraut und Blutwurst. Kochen und Destillieren gehen gut zusammen, aber ich schweife ab ...

In meinem persönlichen Gin müsste etwas von der Buche sein. Wegen des Backgrounds meiner Story. Ich wohne in Buchenau. Eine wundervolle große Rotbuche grenzt direkt an meinen Garten. Sie steht auf dem Friedhof, was zu vielerlei spannenden Geschichten einlädt. Ich bin sicher, dass geröstete Bucheckern, Buchenrinde oder Buchenlaub gut mit meinen Lieblingsaromen harmonieren würden. Ich könnte auch in Buchenholz lagern oder mit Buchenholzfeuer die Destille beheizen.

Aber was passt dazu? Was schmeckt mir? Was wird harmonieren? Die Zitronenmelisse vielleicht nicht. Ich muss eine Auswahl treffen. Oregano, geröstete Bucheckern. Selbst Wacholderbeeren finde ich an einer Hecke bei uns im Ort. Und Angelica, die große Engelwurz. Dazu ein paar grün eingelegte Haselnüsse? Sehr spannend. Ich liebe Haselnussgeist. Das wird eine tolle Mischung. Wilder Hopfen könnte passen, der wuchert rund um den Ort. Und Fichtennadeln? Natürlich! Oder die Zapfen? Etwas vom bitteren Baldrian? Ich bin nicht sicher. Ein großes Experiment. Jeder Gin ist ein großes Experiment.

Man kann sich schnell leidenschaftlich dafür begeistern, wenn man beim Spazierengehen ein oder zwei duftige Kräuter findet und überlegt, was dazu passen würde. Mir ist eben beim Beschreiben der Pflanzen in meiner Umgebung schon das Wasser im Munde zusammengelaufen. Ich freue mich auf meinen nächsten Gin.

Leider wachsen die Pflanzen zu unterschiedlichen Zeiten. Wir können schwerlich losziehen und Pflanzen für einen frischen Gin sammeln. Das wäre nur möglich, wenn man sich auf Kräuter oder Beeren spezialisiert, die zum gleichen Zeitpunkt verfügbar sind. Wir wollen mehr, und wir wollen alles. Wenn Sie den Platz und die Möglichkeit dazu haben, empfehle ich Ihnen wirklich, sich die interessanten Pflanzen aus Ihrer Umgebung zu konservieren.

Je nach Pflanze können Sie sie trocknen, einlegen, einfrieren oder frisch destillieren und das Destillat aufheben. Es empfiehlt sich

Die spanischen Wandelröschen verströmen einen unglaublich betörenden Duft. Leider ist es uns nicht gelungen, diesen mit der Destille einzufangen.

Warnung: Viele Pflanzen, wie beispielsweise der Fingerhut auf diesem Bild, sind hochgiftig und haben in unserem Gin nichts zu suchen. Erst informieren, dann destillieren!

die Anschaffung eines Dörrapparates, der die Kräuter sanft bei niedriger Temperatur im Laufe einer Nacht komplett durchtrocknet. Dörrgeräte müssen nicht teuer sein.

Warnung!

Wenn Sie Pflanzen aus der Natur sammeln, sollten Sie diese auch kennen. Da draußen wachsen etliche wunderschön duftige Pflanzen, die gefährlich, ja teilweise sogar tödlich giftig sein können. Das beginnt gleich vor der Tür bei den überall wachsenden Hecken, wie Thuje oder Buchsbaum. Beides giftige Pflanzen. Höchst gefährlich wäre auch die Verwendung von Eibennadeln. Sie sollten eine Eibe keinesfalls mit einer Tanne oder einem anderen harmlosen Nadelbaum verwechseln. Eiben sind tödlich! Das Fruchtfleisch der roten Beeren ist der einzige Pflanzenteil, der nicht giftig ist. Selbst die Kerne in den schönen Beeren sind auch in kleiner Menge schon wieder tödlich. Die Kraft der Natur sollten wir nicht unterschätzen.

Dass wir mit Pilzen vorsichtig sein müssen, weiß fast jeder, aber auch viele schöne und duftige Blumen sind hochgiftig, das Maiglöckchen oder der Fingerhut zum Beispiel.

Ich empfehle Ihnen, nur zu sammeln, was Sie hundertprozentig und eindeutig identifizieren können. Ein gutes Pflanzenbuch oder eine App[8] kann dabei helfen.

HERSTELLUNG DER AROMEN

Die Herstellung der Aromen ist einer der wichtigsten Abschnitte in diesem Buch. Es bleiben uns so viele Möglichkeiten, einer Pflanze Ihre Aromen zu entlocken. Die Grundlagen dazu haben wir bereits am Anfang besprochen, aber was gibt es zu beachten? Wie macht man das genau? In diesem vierten Teil möchte ich es genauer erklären und beginne mit der allereinfachsten Methode.

8 Ich persönlich empfehle die App „Flora Incognita" für iOS und Android.

Kaltauszug mit Wasser

Manche Pflanzen, vor allem die eher wässrigen, eignen sich sehr gut für einen Kaltauszug. Sicher kennen Sie das als sommerliches Erfrischungsgetränk, kaltes Wasser wird mit frischen Früchten oder Kräutern angesetzt und aromatisiert – fertig. Je nach Pflanze kann das gewonnene Aroma sehr unterschiedlich intensiv ausfallen.

In Schweden beispielsweise ist das Gurkenwasser sehr beliebt. Probieren Sie es aus. Wir schneiden einfach frische (Bio-)Salat- oder Schlangengurken in feine Scheiben, gießen mit kaltem Wasser auf und können uns schon nach kürzester Einziehzeit an dem aromatischen Getränk erfreuen. Seit einiger Zeit ist Gurkenwasser eines meiner Lieblingssommergetränke. Es kühlt und erfrischt.

Tatsächlich ist der Kaltauszug eine der sinnvollsten Methoden, um Gurkenaroma in die Flasche zu zaubern. Mit zunehmender Temperatur, etwa beim Destillieren oder Kochen, verflüchtigt sich die Frische der Gurken und weicht einem zerkochten Aroma, das wir eher nicht in unseren Gin übernehmen möchten.

Merke: Möchten wir ein Gurkenaroma in unseren Gin transportieren, ist der Kaltauszug die sinnvollste Methode. Sie können Gurken kalt mit destilliertem Wasser ansetzen und im Kühlschrank aufbewahren, bis Sie es benötigen. Das Wasser eignet sich gut zum Herabsetzen auf Trinkstärke; ein Vorteil ist auch, das Gurkenwasser nur wenig Farbe annimmt und wenig trübt.

Mit dieser Methode bleiben sogar Vitamine und Mineralstoffe erhalten. Wir können Sie teilweise in den Gin übernehmen, wenn wir ihn danach nur schnell genug genießen. Gin könnte am Ende sogar gesund sein.

Ähnlich funktioniert das mit vielen anderen überwiegend wässrigen Früchten und

Immer bereit: frisch angesetzte, in Scheiben geschnittene Gurke in Eiswasser.

Gemüsen. Probieren Sie Pfirsiche, Melonen, Aprikosen, Birnen oder Beeren, um neuartige Sommergetränke zu kreieren oder eine weitere Aromanuance für Ihren Gin zu entdecken.

Frische Kräuter eignen sich ebenfalls, geben allerdings meistens deutlich weniger Aroma ab. Ein kalt angesetztes Zitronenmelisse-, Lavendel- oder Pfefferminzwasser ist nur leicht aromatisch, trotzdem bleibt der Vorteil der Farbneutralität. Für ein wesentlich stärkeres Aroma können Sie die Pflanzen zerkleinern, ja sogar pürieren, müssen dann allerdings auch mit der dadurch entstehenden kräftigen Farbe leben.

Einen Gin wollte ich nachträglich noch leicht mit frischer Zitronenmelisse aromatisieren. Dazu hatte ich ihn einen Tag lang mit dem kompletten Kraut in einer weiten Flasche angesetzt. Abends wollte ich in

Und wenn wir nur einen Zweig Minze dazu geben, ist es schon ein Kaltauszug.

Flaschen filtrieren, und weil ich keinen Tropfen vom kostbaren Alkohol verlieren wollte, habe ich nur kurz auf die Melisse gedrückt, was genügte, um versehentlich ein paar Tropfen Grün herauszupressen und dem gesamten Gin eine leichte gelbgrünlich-trübe Färbung zu verleihen.

Da liegt ein Gin-Problem. In der Regel erwarten wir einen klaren Gin mit feinen Aromen. Manche Aromen lassen sich nicht destillieren, das würde aber immer zu einem klaren Getränk führen. Gemüse- und Fruchtaromen eines Wasserauszuges würden sich durch die Destillation verlieren, weil deren Geschmack nicht auf ätherischen Ölen basiert.

Sie müssen abwägen, für welches Aroma sich die Farbe oder eine Trübung lohnt oder welche Farbveränderungen Ihnen angenehm erscheinen. In vielen Fällen eines Kalt- und noch mehr eines Warmwasserauszuges werden Sie eher dunkle und braune Farben erzielen, was einem Gin leider nicht gut steht. Es fehlt das „Feingeistige", obwohl es auch dunkel durchaus sehr köstlich schmecken kann.

Wichtig: Die Farbe ist auch abhängig vom pH-Wert in Ihrem Gin. Durch Lagerung oder Lichteinstrahlung kann sich die Farbe verändern. Auch durch das Abmischen mit Zitrone, Wasser oder Tonicwasser. Das zarte, vielleicht erwünschte Blau der Malve weicht schnell einem Gelb oder Lila, ebenso wie das Blau der Kamille oder der Schafgarbe.

Leider sind Kaltauszüge nicht besonders lange haltbar. Ein Gurkenwasser wird schon nach wenigen Stunden, spätestens am nächsten Tag muffig. Gleiches ist bei fast allen Kaltauszügen zu beobachten. Sie sind für den Moment gedacht. Frisch sollen Sie sein, denn Ihre Haltbarkeit ist sehr begrenzt. Die Pflanze vergeht im Wasser. Um das Aroma kalt übernehmen zu können, sollten Sie Ihr Frucht- oder Gemüsewasser beizeiten mit Ihrem Alkohol vermischen. Alkohol konserviert!

Kaltauszug mit Alkohol (Tinktur)

Ziehen Sie die Aromen direkt mit Akohol aus! Das sieht deutlich besser aus und verhindert von Anfang an, dass Mikroorganismen sich einnisten können. Auch wenn wir, wie zuvor, unsere kalt angesetzten Aromawasser mit hochprozentigem Alkohol abmischen, bleiben Inhaltsstoffe erhalten und konserviert. Setzen wir direkt in hochprozentigem Alkohol an, wird das Ganze zur Tinktur und kann uns im Gin genauso wie zu medizinischen Zwecken nützliche Dienste leisten.

Tinkturen nehmen stark die Farbe der Pflanzenmaterialien an, eine Eigenschaft,

Eine hochprozentige Tinktur aus Echinaceablüten und -stängeln.

die bei einem Absinth durchaus gewollt sein kann und sich beim späteren Destillieren wieder verliert. Alle Destillate sind zunächst farblos.

Wir können unsere frisch gesammelten Botanicals jedenfalls in Alkohol ansetzen und über einen langen Zeitraum stehen lassen. Ich empfehle auch hier wieder eine Alkoholstärke um die 60 % oder höher, denn bei niedrigeren Prozenten werden nicht alle Aroma- und Inhaltsstoffe herausgelöst.

Idealerweise können wir die angesetzten Tinkturen kühl und dunkel lagern, nach einigen Wochen über einen Filter oder wenigstens ein Sieb von den Pflanzenrückständen befreien und in beschriftete Flaschen umfüllen. So ist es einfach möglich, sich eine komplette Sammlung zur späteren Verwendung anzulegen.

Die Tinkturen lassen sich lange aufbewahren und später als „Aromakonzentrate“ in einen „Compound Gin“ hinzumischen oder einem Mazerat vor der Destillation beigeben und mitdestillieren. Unendliche Möglichkeiten, wie immer beim Gin.

Heißauszug mit Wasser

Der Heißauszug ist die schnelle und brutale Methode, um kräftige, tiefe und dunkle Aromen aus den Botanicals herauszulösen. Es versteht sich von selbst, dass wir Wasser verwenden, denn heißer Alkohol wäre höchst gefährlich und leicht entzündlich. Ein Kaltauszug kann mit Alkohol angesetzt werden, aber sobald eine etwas höhere Temperatur ins Spiel kommt, sollten wir die Sicherheit einer Destillation bevorzugen oder eben Wasser als Grundlage verwenden.

Das Prinzip und die Unterschiede habe ich zuvor schon am Beispiel des Tees eingehend beschrieben. Durch das Ansetzen der Botanicals mit heißem Wasser kommen die Moleküle in Bewegung und können in kurzer Zeit starke Aromen aus den Pflanzen herauslösen. Idealerweise gießen wir unsere Botanicals frisch oder getrocknet mit nicht mehr kochendem Wasser in einer Glaskanne auf und lassen sie bis zur gewünschten Intensität ziehen.

Bei vielen frischen, aber auch getrockneten Pflanzenmaterialien empfiehlt es sich, direkt nach dem Aufgießen einen Deckel aufzusetzen. Viele Botanicals enthalten leicht flüchtige ätherische Öle, die wir gern in unseren Gin übernehmen würden.

Um einzelne Aromen mittels Heißauszug für unsere späteren Mischungen herzustellen, sind zwar theoretisch alle Botanicals geeignet, aber nicht alle liefern schöne Ergebnisse. Der Wacholder beispielsweise färbt kräftig und unschön ins Dunkelbraune. Ich empfehle diese Methode vor allen für trockene Wurzeln, wie Ginseng, Ingwer oder Iris, sowie für Süßholz und helle Hölzer. Die farblichen Veränderungen müssen wir akzeptieren.

Eine Wasserdestillation, wie im nächsten Abschnitt beschrieben, gibt wesentlich feinere Aromen, und die dabei hergestellten Hydrolate sind länger haltbar und bleiben wasserklar.

Hydrolate

Eine der „neuen"[9] und zugleich hervorragend geeigneten Methoden, um eigenen Gin legal mit selbst hergestellten Aromen zu bereichern, ist die vorausgehende Destillation der Botanicals mit Wasser. Wir gewinnen durch die Dampfdestillation erhaben duftige, wasserklare und zumeist höchst wohlschmeckende Aromen, die wir gut dosieren und ohne Verfärbungen in Alkohol auflösen können. Meiner Ansicht nach neben den in Alkohol destillierten Sorten von „Distilled Gin" die beste Methode überhaupt.

Wir können und dürfen ausreichende Mengen der aromatischen Pflanzenwässerchen selbst herstellen, diese über einen längeren Zeitraum sicher aufbewahren und bei Bedarf unkompliziert benutzen. Über das Jahr verteilt schaffen wir mit etwas Liebe zum Destillieren eine stattliche Sammlung selbst gebrannter Aromen, auf die wir zu jedem beliebigen Zeitpunkt zugreifen können. Die duftigen und aromatischen Haupteigenschaften fast aller Pflanzen lassen sich in einem Hydrolat gewinnen und aufbewahren.

Neben der Ginherstellung öffnen sich mit den Pflanzenwassern gleich eine Vielzahl weiterer Anwendungsbereiche, von alkoholfreien Getränken (z. B. Waldmeister- oder Melissenhydrolat) über die Küche (z. B. Bratwurst mit Rosmarin oder Gurke mit Dill besprüht) und die Kosmetik (z. B. Schlehdorn, Quitte oder Melisse als Hautwasser oder Lavendel als Zutat in selbst gemachter Seife) bis in den medizinischen Bereich (z. B. Schafsgarbe zur Wundheilung oder Thymian gegen Viren und Bakterien). Sie sehen es sicher schon anhand meiner wenigen Beispiele: Hier eröffnen sich unendlich viele Möglichkeiten zur Nutzung der Hydrolate.

Meine Partnerin bei der Destillation von Rosenwasser in unserer Küche.

Das Beste dabei: Es stehen uns Tausende verschiedener Pflanzen zur Verfügung. Jede ist anders, und viele werden uns sicher mit ihrem Duft überraschen. Der ist nämlich manchmal völlig anders als erwartet.

Pflanzenwasser zu Hause zu destillieren, ist denkbar einfach, es gibt nicht wirklich viel zu beachten. Grundsätzlich benötigen wir natürlich eine Destille mit möglichst großem Dampfraum. Umso mehr Pflanzen wir in einem Durchgang durchdampfen können,

9 Mit der Einführung des neuen Alkoholsteuergesetzes in Deutschland erst seit dem 1. Januar 2018 erlaubt!

umso intensiver werden unsere Hydrolate am Ende sein. Wir versuchen, den Dampfraum über dem eigentlichen Brennkessel von Anfang an mit einer maximal großen Menge an Pflanzenmaterial zu befüllen. Das meint, wir beschicken diesen Bereich bis zum obersten Rand. Bei gröberem Pflanzenmaterial mit Stängeln oder Blättern dürfen wir die Botanicals sogar etwas zusammendrücken, um mehr Platz zu schaffen. Zugleich sollten Sie darauf achten, dass sich das Material beim späteren Durchdampfen nicht ausdehnen, zusammenkleben oder sich feucht verdichten kann. Der Dampf findet seinen Weg hindurch – und das muss er auch, denn sonst könnte Überdruck entstehen und uns die Destille im schlimmsten Fall sprichwörtlich um die Ohren fliegen. Es hilft, den gesunden Menschenverstand walten zu lassen, sich die Prozesse im Inneren der Destille vorzustellen und entsprechend umsichtig zu handeln. Im Zweifelsfall ist ein Quäntchen mehr an Vorsicht und Sicherheit immer die bessere Wahl.

Damit der Dampf unseren Botanicals die wertvollen Inhaltsstoffe und Aromen reichlich und schnell in höchster Qualität entreißen kann, empfiehlt es sich, die Pflanzenmaterialien zuvor zu zerkleinern. Wacholder, Koriander, Wurzeln und Samen beispielsweise können Sie gut in einer Gewürzmühle oder in einem Smoothie-Maker trocken schreddern. Das Ergebnis und die Ausbeute werden dadurch deutlich erhöht. Nahezu alle Pflanzenmaterialien sollten wenigstens mit einem Messer fein geschnitten werden, bevor wir sie destillieren. Sie werden schnell feststellen, dass es sich lohnt und sich die Intensität und die Ausbeute deutlich erhöhen.

Bei anderen Pflanzen, allen voran bei den Lavendelblüten, brechen die Zellen, welche die ätherischen Öle enthalten, mit der Trocknung von selbst auf. Lavendel sollte aus diesem Grund immer erst einmal angetrocknet werden, bevor wir ihn destillieren. Das empfiehlt sich auch für viele ähnliche Kräuter, wie Salbei oder Thymian; feinere Pflanzen, wie z. B. die Minze, bei denen die Öle eher an der Oberfläche sitzen, sollten nach Möglichkeit frisch destilliert werden. Probieren Sie es aus.

Zu Ihrer eigenen Sicherheit empfehle ich Ihnen, oben im Hut der Destille am Übergang zum Geistrohr ein feines Kupfersieb einzulegen. Dieses soll verhindern, dass feine Pflanzenteile beim Destillieren aufsteigen und in das Geistrohr der Destille eindringen. Erstens könnte das Geistrohr durch die Botanicals gefährlich verstopfen, und zum Zweiten wäre es nach der Destillation auch schwerer zu reinigen.

Die perfekte Destillation

Eine Destillation von Hydrolaten (und ätherischen Ölen!) läuft im Idealfall wie folgt ab:

Zuerst befüllen Sie den Kessel zu etwa zwei Dritteln mit warmem oder schon heißem Wasser. Das kocht schneller auf, und Sie vertrödeln keine Zeit. Außerdem ist es besser für die Qualität Ihrer Pflanzenwasser und ätherischen Öle, wenn das Aufheizen weniger Zeit in Anspruch nimmt. Je nach Bauart Ihrer Destille können Sie etwas mehr oder weniger Wasser einfüllen, wichtig ist, dass es nicht nach oben in den Dampfbereich überkochen kann. Nehmen Sie im Zweifelsfall lieber etwas zu wenig als zu viel. Bei einer Zwei-Liter-Destille genügen eigentlich schon 1,2 Liter; wir destillieren nur ca. 350 ml wieder heraus.

Wichtig ist, dass der Brennkessel nicht trockenläuft! Hierzu gilt es, das richtige Gefühl für Ihre Destille zu entwickeln. In einer randvoll gefüllten Leonardo-Destille mit feinen Kräutern, wie z. B. Kamillenblüten, könnte einiges an Feuchtigkeit in den Pflanzen hängen bleiben und der Kessel aufgrund der breiteren Bauart trockenlaufen. Sie können das kontrollieren, indem Sie einige winzige Steinchen mit ins Wasser geben. Falls die Destille trockenläuft, tanzen die Steinchen am Kesselboden einen wilden Hitzetanz und Sie können es hören, bevor sie die Destille schädigen. Normalerweise ist das aber unnötig.

Wir stellen den Kessel mit dem Wasser auf die Kochplatte oder den Ständer unserer Destille und befüllen den Dampfraum darüber so gut als möglich mit entsprechend vorbereiteten Botanicals. Dabei vergessen wir nicht, das Sieb zum Schutz in den Hals der Destille vor dem Geistrohr einzusetzen, und bauen die gesamte Destillieranlage zusammen.

Nun heizen wir mit großer Flamme oder mit der elektrischen Kochplatte auf höchster Stufe ein. Das funktioniert völlig anders als bei der bereits beschriebenen Alkoholdestillation, denn wir möchten diesmal nicht feinfühlig im optimalen Temperaturbereich den Alkohol vom Wasser trennen, sondern möglichst schnell und effizient die ätherischen Öle und Aromen aus unserem Pflanzenmaterial herausführen.

Hier destilliere ich frisch mit dem Wiegemesser zerschnittene Fichtennadeln.

Brauchen wir hierbei zu lange, können einige der wertvollen Aromen schon zuvor zu heiß werden und in den Kessel zurücktropfen. Das Aroma könnte „zerkochen" und einen eher krautig-grünen, suppigen Charakter annehmen. Deswegen bitte merken: Wir heizen bei der Destillation von ätherischen Ölen und Pflanzenwassern zunächst mit „Vollgas"!

Das ist nicht alles! Wir kühlen nach Möglichkeit auch mit Vollgas. Ätherische Öle sind teilweise sehr leicht flüchtig. Es geht darum, jeden noch so feinen Hauch von Duft und Aroma einzufangen. Das gelingt uns, indem wir dem Dampf aus dem Kessel, sobald er aufgestiegen ist und das Pflanzenmaterial durchdrungen hat, wieder abkühlen. So bald und so stark wie möglich. Je früher und je kälter, umso besser wird das.

Es empfiehlt sich, am Kühler einen Kühlwasserkreislauf anzuschließen. Ideal wäre ein separates Becken, vielleicht eine Spüle oder eine Spülschüssel, mit einer Aquariumpumpe und reichlich kaltem Wasser, welches wir dann durchgehend kontrollieren und durch die Destille pumpen können.

Je nach Bauart der Destille können der Aufbau und das Einstellen des Kühlwasserkreislaufes am Anfang etwas kompliziert sein. Haben Sie bitte Geduld, denn wenn alles perfekt zusammenspielt, werden sie mit einer besseren Qualität und Ausbeute belohnt, und spätestens beim dritten Mal ist der Aufbau schon Routine.

Es genügt dann, die Temperatur im Kühlwasserbecken kalt zu halten, was mit frischem Wasser, Schnee, Eis oder Kühlakkus gut gelingt. Falls Sie keinen Kühlkreislauf anschließen können, ist es auch möglich, das heiße Wasser abzuleiten und – je nach Bedarf – mit einem Krug kaltes Wasser oder Eis nachzugießen.

Hier destilliere ich Kiefernnadeln in der Küche einer Mietwohnung in den Pyrenäen. Achten Sie auf die Kühlung mit Eis!

Sie können sicher am Ölabscheider sehen, wie viel ätherisches Öl bereits obenauf schwimmt. Das Hydrolat läuft hier automatisch getrennt in die Flasche.

Ich möchte Ihnen an dieser Stelle den Abschnitt „Nieder mit den Keimen“ noch einmal ins Gedächtnis rufen. Bitte erinnern Sie sich oder lesen Sie nach. Man sagt: „Die Wiederholung bringt den Lerneffekt.“

Das Hydrolat kommt zunächst steril und keimfrei aus der Destille und sollte ebenso steril und keimfrei abgefüllt und gelagert werden, damit Sie möglichst lange Spaß damit haben und es bedenkenlos benutzen können.

Wichtig zu wissen: Nicht alle Hydrolate werden auf diese Art durch die Dampfdestillation gewonnen. Rosenblüten beispielsweise tragen eine sehr feine Wachsschicht auf den Blättern und können untereinander verkleben, wenn man sie dicht an dicht in den Dampfraum einfüllt. Aus diesem Grund werden Rosen immer direkt mit dem Wasser im Brennkessel destilliert.

Fast alle handelsüblichen Hydrolate und ätherischen Öle werden durch die Dampfdestillation gewonnen, weil sie die schonendere Methode der Destillation ist. In einigen Fällen empfiehlt es sich aber, das Pflanzenmaterial vorher anzusetzen und dann direkt aus dem Kessel heraus zu destillieren. Das gilt vor allem für eher „harte“ Hölzer und Wurzeln, für widerspenstige Nadeln und Zapfen, aber auch für feine Blüten, allen voran die Rosenblüten, und möglicherweise auch für Harze, die sonst die Destille verkleben würden.

Ätherische Öle

Im vorherigen Abschnitt über die Destillation von Hydrolaten habe ich alles erklärt, was es bei der Destillation der Botanicals zu beachten gibt. Es ist einfach. Wichtig ist nun, zu verstehen, dass Hydrolate und ätherische Öle zusammengehören und zusammen destilliert werden.

In fast allen Hydrolaten sind winzige Mengen an ätherischen Ölen enthalten. Sie können aus nahezu jeder Pflanze ein Hydrolat gewinnen, aber nicht alle Pflanzen enthalten ätherische Öle. Wenn Sie, wie zuvor erklärt, allerlei Pflanzenwässerchen durch Wasserdampf oder auch direkt aus dem Brennkessel heraus destillieren, dann werden Sie sicher recht schnell auch die ätherischen Öle entdecken, die ab einer bestimmten Sättigung zusammenfinden und zumeist obenauf schwimmen.

Die Destillation ätherischer Öle ist genau das Gleiche wie die Destillation von Hydrolaten. Destillieren wir stark ölhaltige Pflanzen und zerkleinern diese vor der Destillation fachgerecht, dann können wir stattliche Mengen an ätherischen Ölen und hervorragende Pflanzenwasser in einem Durchgang gewinnen. Besonders stark ölhaltig und entsprechend gut für Experimente geeignet ist Lavandin, eine spezielle Lavendelzüchtung, die sich sehr gut und unkompliziert destillieren lässt. Bei der Arbeit mit den meldefreien Zwei-Liter-Hobbydestillen ist es durchaus möglich, gleich zehn bis 15 ml ätherisches Öl zu gewinnen. Sehr stark ölhaltig sind auch die Gewürznelken, deren Öl sich spannenderweise nicht an der Oberfläche, sondern am Boden sammelt. Wacholder oder Anis wären ebenfalls stark ölhaltige Botanicals, bei denen es sich garantiert lohnt, ätherische Öle vom Hydrolat zu trennen.

Diese Trennung ist die eigentliche Kunst am Ende der Destillation. Je nach Sorte, Raumtemperatur und Destillieranlage kann das feine ätherische Öl nahezu unsichtbar obenauf schwimmen oder in herrlichen Farbtönen von Gold über Rot bis hin zu Tiefbraun und sogar in kräftigem Blau gut zu erkennen sein. Manchmal ist das Hydrolat nach der Destillation noch milchig trüb und gleicht einer Emulsion. Die ätherischen Ölmoleküle müssen sich erst finden und aneinanderketten, um vom wässrigen

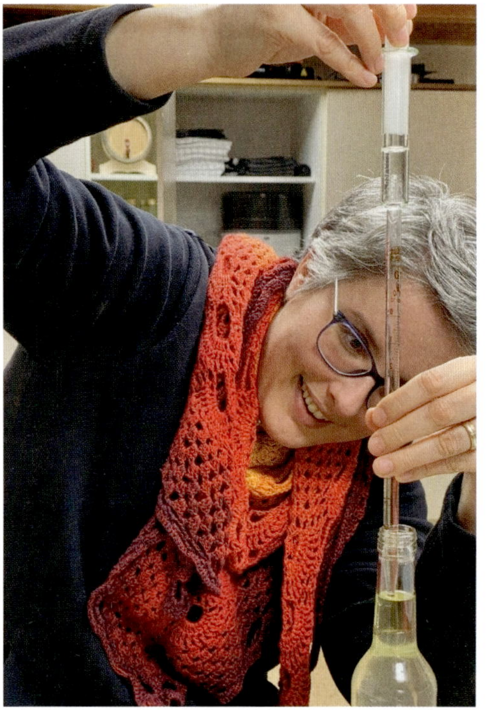

Kati, eine Freundin, beim Abtrennen der gemeinsam destillierten ätherischen Öle.

Teil getrennt werden zu können. Teilweise sammeln sich winzige Tropfen an unserem Auffangbehälter, zumeist einer Flasche, und haften dort unlösbar an.

Was können wir tun? Es ist einfach: Wir lassen unser Hydrolat zunächst ein paar Tage an einem dunklen und kühlen Ort ruhen und beobachten. In vielen Fällen trennt sich das Öl sauber vom Wasser und lässt sich dann mit einer Sicherheitspipette bequem entnehmen.

Ich empfehle, bei der Destillation von ätherischen Ölen möglichst feine Flaschen mit einem schmalen, langen Hals zu benutzen. Der Unterschied ist enorm. Die Menge von einem Milliliter klingt nicht nach viel und ist obenauf schwimmend in einem gefüllten Einmachglas kaum zu sehen, wäh-

Immer wieder spannend zu sehen, wie viele ätherische Öle sich vom Pflanzenwasser trennen.

Hier sehen Sie die kleine „EasyMoonshine"-Destille, wie sie in den automatischen Ölabscheider destilliert. Das Hydrolat läuft direkt weiter in die Flasche.

rend sie in einer handelsüblichen 350-ml-Spirituosenflasche schon mindestens einen Millimeter Höhe im Flaschenhals einnimmt und eine Pipette deutlich sichtbar auffüllt. Viele Tropfen …

Die Kunst ist es, schon mit der Sicherheitspipette so viel ätherisches Öl wie möglich „abzusaugen". Auch die eventuell noch am Rande hängenden einzelnen kleinen Ölbläschen. In der Pipette können wir es erneut vom aufgenommenen Wasser separieren! In den meisten Fällen trennen sich auf dem kleinen Raum die letzten Wassertropfen, wie zuvor in der Flasche, vom reinen Öl. Das Öl schwimmt obenauf, und wir können sehr feinfühlig und auf den Tropfen genau das Wasser zurückgeben und das ätherische Öl getrennt in ein Braunglasfläschchen oder Reagenzröhrchen füllen. Alles kein Hexenwerk, aber man braucht vielleicht eine ruhige Hand und etwas Übung oder einfach etwas mehr Zeit und Geduld.

Bei sehr stark ölhaltigen Pflanzen, einer kontinuierlichen Destillation oder einfach der Arbeit mit einer größeren Destille empfiehlt sich ein sogenannter kontinuierlicher Ölabscheider, der das ätherische Öl während der Destillation sammelt und das Hydrolat getrennt direkt in die Flasche leitet.

Sie können die ätherischen Öle aber auch gut mit einem speziellen Scheidetrichter vom Hydrolat trennen oder ganz einfach in eine Flasche mit schlankem Hals destillieren, das ätherische Öl später mit einer Sicherheitspipette aufziehen und umfüllen.

Zur Destillation ätherischer Öle und Hydrolate dürfen wir größere Destillen benutzen. Hier verarbeite ich unseren Weihnachtsbaum in der 30-Liter-Kolonnenbrennerei.

Die „EasyMoonshine"-Destille vor dem Ölabscheider. Das Öl trennt sich sauber vom Hydrolat.

Noch ein Tipp zum Ende: Falls Sie mit einer kleinen Destille größere Mengen an ätherischen Ölen herstellen möchten, dann empfiehlt sich das „kontinuierliche Destillieren". Das bedeutet nichts anderes, als dass sie zügig hintereinander mehrmals das Gleiche destillieren. Vor allem die „EasyMoonshine"-Destillen eignen sich gut für diese Vorgehensweise, da man sie ohne Verbrennungen am Kühler anfassen kann und die Schlauchleitungen angeschlossen und mit kaltem Wasser durchströmt bleiben können.

Mit etwas Routine ist es dann einfach, die Destille vom Brenner zu nehmen und kurz abkühlen zu lassen. Einige Sekunden genügen, es soll nur nicht mehr kochen, damit Sie ungefährdet die Verschraubung öffnen und den Brennkessel von der Kolonne lösen können. Am besten stellen Sie den Brennkessel wieder auf den Brenner und gießen Wasser nach, bevor Sie die Kolonne leeren, neu befüllen und für die nächste Runde auf dem Kessel befestigen. Mit dieser Methode lassen sich selbst mit der kleinen „EasyMoonshine" stattliche Mengen an ätherischem Öl in relativ kurzer Zeit gewinnen. Probieren Sie es aus, mir hat diese Variante der Destillation immer eine Menge Spaß bereitet.

Kann man zwei ätherische Öle gleichzeitig destillieren? Ja, aber in der Regel werden sie sich vermischen.[10]

---

10 Ich möchte auf den YouTube-Kanal „PerfectLiving" und da auf die Kategorie „diSTILLed" des Wieners Christian Krainz verweisen, dem es gelungen ist, Nelke und Lavendel gleichzeitig zu destillieren und zu separieren.

GINSORTEN, DIE WIR SELBST HERSTELLEN KÖNNEN

COMPOUND GIN

Das Wort „Compound", also Verbindung, signalisiert, dass es sich hierbei um das Kombinieren und Zusammenfügen verschiedener Zutaten handelt. Ein „Compound" wird nicht gebrannt, sondern durch den Blendmaster oder Destillateur arrangiert.

Es ist mitunter einfacher, sich an das perfekte Aroma heranzutasten, wenn wir Tröpfchen für Tröpfchen dosieren und abschmecken können. Manchmal wirkt sich ein kleines bisschen mehr oder weniger deutlich auf die Gesamtharmonie aus.

Das Kombinieren der Aromen ist eine gigantische Spielwiese für Erwachsene mit unbegrenzten Möglichkeiten. Etwa so wie ein ganzer Dachboden voller bunter Klemmbausteine für ein Kind. Was man alles daraus erschaffen könnte ...

Hatte ich schon erwähnt, dass bei Gin alles erlaubt ist? Beim „Compound" oder auch „Bathtube Gin" trifft das genau. Sie können zusammenfügen, was Ihnen Spaß macht. Die nachfolgenden Beispiele zeigen ein bisschen auf, was möglich ist. Die Methoden lassen sich beliebig untereinander kombinieren. Je nach Ihrer Sammlung an Zutaten können Sie verbinden, was gefällt. Viel Spaß dabei!

Es bleibt ein „Compound Gin", auch wenn ich mir Koriander als Zutat separat direkt ins Glas destilliere.

Mit ätherischen Ölen

Ich gehe davon aus, dass Sie eine große Menge an ätherischen Ölen sowie das nötige Werkzeug, also eine Pipette oder Fläschchen mit Tropfer, bereitstehen haben, um feinfühlig dosieren zu können. Wir wissen bereits, wie extrem und intensiv ätherische Öle wirken, duften und schmecken. Der beste Rat gleich zu Anfang: Dosieren Sie sparsam!

Bevor wir loslegen, möchte ich auf einige Eigenheiten aufmerksam machen. Wir können leider nicht alle Aromen, die wir gern in unserem Gin hätten, über ätherische Öle lösen und müssen teilweise verschiedene Techniken untereinander mischen. Eines ist klar: In der Welt der Aromen müssen wir gelegentlich improvisieren, auch weil wir nicht einfach überall mit Alkohol destillieren dürfen und deswegen andere Wege gehen müssen. Fangen wir an ...

Warum ist das so? Ich empfehle ein Experiment. Recherchieren Sie die wichtigsten Grundzutaten als ätherisches Öl: Wacholder, Koriander, Angelica- und Iriswurzel. Diese vier bilden aufgrund ihrer Eigenschaften ein sehr solides Grundgerüst für jeden Gin.

Ein perfektes Mischungsverhältnis läge bei etwa zwölf Tropfen Wacholder, drei Tropfen Koriander und jeweils einem Tropfen Angelica- und Iriswurzel, wenn wir denn die Möglichkeit hätten, sie alle unbefangen als ätherisches Öl zu benutzen.

Wenn Sie die oben genannten Zutaten recherchieren, dann können Sie feststellen, dass Sie Wacholder und Koriander als ätherisches Öl einfach und günstig beschaffen (oder selbst herstellen) können. Aber wie sieht das bei Angelica und Iris aus? Beide Botanicals geben deutlich weniger ätherische Öle ab und sind entsprechend wesentlich höherpreisig oder gar nicht zu beschaffen.

Dagegen ist es einfach, gekaufte Iriswurzel in einem Gin mit den anderen Botanicals gemeinsam zu destillieren, aber nahezu unmöglich, ihr ihr spezielles Aroma als ätherisches Öl oder wässriges Hydrolat zu entlocken. Iris ist leider aufgrund der aufwendigen Herstellung eines der höchstpreisig gehandelten ätherischen Öle und wird entsprechend der Kostbarkeit nur als Hexanextrakt oder als 1%ige Mischung mit Weingeist angeboten. Für echtes Irisöl werden unglaublich erscheinende Preise abgefragt. Ich nehme an, wir alle möchten keine paar tausend Euro für ein paar Tröpfchen Irisaroma hinlegen und müssen uns spätestens hier eine alternative Lösung ausdenken.

Wir könnten beispielsweise auf die Iris verzichten und mit anderen Botanicals ausgleichen. Aufgrund der blümerant-wurzeligen Note der Iriswurzel wären Hibiskus, Rosen, Orangenblüten oder vielleicht auch Zitronengras gemischt mit Ingwer oder Ginseng möglich, wobei die Iris im Gin nicht nur Aroma gibt, sondern auch als Bindeglied hilft, die anderen Botanicals harmonisch zu einem großen Ganzen zu vereinen. Echte Iris wäre besser.

Versuchen wir einen anderen Weg! Wir können Iriswurzel günstig kaufen und in unsere vorbereitete Grundmischung einlegen. Eine unkomplizierte und günstige Lösung, die sich nur leider nicht so wundervoll in das Gesamtaroma einfügt, wie wir das gern hätten. Wir benötigen größere Mengen an Iriswurzel, um den einen Tropfen der „perfekten" Mischung ersetzen zu können. Iris enthält nur 0,01 % ätherisches Öl.

Einfacher, aber teuer wäre die Verwendung einer 0,1%igen Lösung aus dem Handel. Um auf die optimale Menge zu kommen, müssten wir 100 Tropfen zugeben. Wir könnten sparen und es bei einem Viertel davon

Die „Alquitara plus“ mit der hohen Kolonne wäre gut geeignet, um Iris- oder Angelicahydrolate selbst herzustellen.

belassen. Ätherische Öle sind glücklicherweise sehr stark, und je nach den zusätzlichen ätherischen Ölen und Botanicals in Ihrem persönlichen Gin könnte diese Menge schon genügen, um die angestrebte Harmonisierung zu erwirken. Probieren Sie es aus.

Ähnliches bei der Engelwurz, die wir glücklicherweise als Hydrolat selbst destillieren oder zu akzeptablen Preisen im Fachhandel kaufen können. Anstelle der Zugabe von Wasser beim Herabsetzen auf Trinkstärke können Sie nämlich auch Hydrolate zugeben, die zumindest den wasserlöslichen Teil der jeweiligen Botanicals klar und aromatisch in Ihren Gin übertragen. Die Frage bleibt, wieviel Hydrolat wir zugeben müssen, um den einen Tropfen ätherisches Öl ersetzen zu können.

Hier erkennen wir eines unserer Hauptprobleme im Umgang mit den ätherischen Ölen: Sie sind oft zu stark aromatisch. Wir müssen große Mengen anmischen, was mit einem entsprechend großen Risiko behaftet ist. Falls unsere Mischung nicht schmeckt, dann wären die kostbaren Grundzutaten verschwendet.

Sie sollten sehr sparsam mit den Grundzutaten umgehen und zunächst genau abmessen, beispielsweise 50 ml von 96 Vol.-%igem Alkohol in einen Messzylinder geben, und dann zunächst unsere liebsten Botanicals als Grundmischung ansetzen. Probieren Sie für den Anfang erst einmal Wacholder und Koriander als ätherische Öle und Iris und Angelica als Hydrolat für Ihre Basis.

Grundrezept:
12 Tropfen ätherisches Wacholderöl,
3 Tropfen ätherisches Korianderöl,
30 Tropfen Engelwurzhydrolat,
30 Tropfen Irishydrolat.

Mit dieser Grundmischung können Sie weiterarbeiten. Probieren Sie etwa einen Tropfen ätherisches Orangenöl, Süßholz oder Lavendel. Es ist Ihr Gin! Lassen Sie Ihrer Fantasie freien Lauf.

Sehr ergiebig und vielseitig nutzbar: Wacholderöl und -hydrolat.

Mit Hydrolaten

Im Gegensatz zur Ginzubereitung mit ätherischen Ölen ist das Mischen mit Hydrolaten sehr viel einfacher und weniger kompliziert. Zu beachten gilt, dass die Hydrolate aufgrund des relativ hohen Volumens genau wie destilliertes Wasser den Alkoholgehalt beim Abmischen mit Alkohol herabsetzen. Es ist notwendig, sich entsprechend mit möglichst hochprozentigen Grundlagen weit oberhalb der 40 Vol.-% eines Wodkas zu versorgen.

Ebenso wichtig ist zu wissen, dass mit Alkohol angesetzte oder destillierte Aromen oftmals ein überraschend anderes Bukett aufweisen als die mit Wasser destillierten Hydrolate. Es wäre zu einfach, wenn wir behaupteten, dass alle Pflanzen, die ätherische Öle enthalten, auch gute und aromatische Hydrolate abgeben. Wir kennen wesentlich mehr spannende Hydrolate, auch von Pflanzen völlig ohne ätherische Öle. In der Aussage steckt trotzdem ein großes Körnchen Wahrheit. Es sind die Aromen der ätherischen Öle, die wir aus den destillierten Ginsorten herausschmecken und die deren Würze prägen. Sie sind uns Ginenthusiasten weitgehend vertraut. Wir können identische Aromen auch über die Hydrolate aus ätherische Öle enthaltenden Botanicals in unseren Alkohol zaubern. Damit liegen wir sehr dicht an einem „Distilled Gin"! Tatsächlich wurden ja sowohl der Alkohol als auch die Hydrolate destilliert. Nur eben selten in einem Durchgang.

Wir können das ändern, indem wir eine fein zusammengestellte Mischung an Botanicals in einem einzigen Batch zu einem Ginaromahydrolat verarbeiten und danach mit Alkohol mischen. Es wäre eine legale und praktikable Form einer fast korrekten „One-Batch"-Destillation. Sie können immer dazusagen, Sie hätten alles in einem einzigen Durchgang hergestellt, weil Sie den Alkohol ja, wie es das Gesetz verlangt, nicht selbst gebrannt haben. Nur die Aromen.

Ginverkostung mit Freunden – mit offenem Ende.

Aber: Sicher können Sie sich vorstellen, dass es wesentlich schwieriger ist, den perfekten Gin in einer einzigen Destillation zu entdecken. Destillieren Sie am Anfang lieber jedes Botanical einzeln, notieren Sie die benutzten Mengen in Ihrem Destillierbuch, und mischen Sie vorsichtig Tropfen für Tropfen in einer kleinen Menge Alkohol, bis Sie Ihre persönliche perfekte Aromenmischung entdecken und rundherum zufrieden sind. Danach können Sie auf die Inhaltsstoffe und Mengen zurückgreifen und versuchen, alle benutzten Botanicals auf einmal in die Destille zu geben und zu einem „One-Batch"-Ginhydrolat zu destillieren.

Ein schön zusammengestelltes Fertigset aus verschiedenen Botanicals, wie man es immer wieder zum Kaufen finden kann.

An diesem Bild erkennen wir schön, wie das eingelegte Holz schon nach kurzer Zeit die Farbe verändert. Genauso nimmt der Alkohol auch die Aromen an.

Das Wichtigste bleibt immer der Spaß dabei, und den werden Sie haben. Vielleicht laden Sie ein paar Freunde ein, stellen alle Zutaten bereit, erklären die Grundlagen und beginnen, jeder seinen eigenen Gin zu kreieren.

Sie werden sehen, das Verkosten wird schnell lustig, und oft springt noch ein wirklich annehmbarer Gin dabei heraus. Gut ist, wenn sie sich am nächsten Tag noch an die Rezepte erinnern können.

Mit angesetztem Alkohol

Botanicals in Alkohol anzusetzen ist vermutlich die verbreitetste Methode, um eigenen Gin zu erzeugen. Wir kennen sogenannte Angesetzte schon aus Omas Zeiten, stoßen im Internet und in Büchern auf mannigfaltige Rezepte, seit einigen Jahren auch speziell für Gin gedachte, und entdecken aufwendige Geschenkpackungen und Gewürzmischungen voller Botanicals, die uns einen edlen Gin versprechen.

Allen ist eines gemeinsam: Sie sind völlig legal und beruhen auf der gleichen Methode. Wir würzen einen gekauften Alkohol, indem wir ihn schlicht und einfach mit den Botanicals ansetzen, ziehen lassen, wieder abfiltern und zu guter Letzt in die Flasche füllen. Das ist alles.

Die Angesetzten finden sich im englischsprachigen Bereich gern als „Bathtub Gin", was dem Ganzen noch einen interessanten Namen verleiht. Hier dürfen Sie sich spielen. Im Hobbybereich muss es keine Badewanne sein, es genügt uns schon ein Einmachglas, wir gießen mit Wodka oder –

Alkohol und Gewürze: So entsteht unser „Bathtub Gin“.

In der Theorie ganz einfach: Aroma und Alkohol, fertig.

noch besser – einem 60%igen Primasprit oder Neutralalkohol auf und geben unsere Zutaten dazu.

Als Grundrezept landen wir wieder bei den üblichen Verdächtigen. Beginnen Sie mit Wacholder, den Sie am besten schon ein oder zwei Tage vorher zugeben. Sein Aroma soll im Gin gut wahrnehmbar sein. Später folgen angemörserte Koriandersamen, Engelwurz, vielleicht etwas Iris und ein klein wenig Süßholz. Zitrusschalen nicht vergessen, vielleicht ein Hauch von Lavendel. Geben Sie dazu, was Ihnen angenehm erscheint, und freuen Sie sich auf Ihren ersten „Bathtub Gin“.

Je mehr Sie von einem bestimmten Gewürz zugeben und je länger Sie es ziehen lassen, umso intensiver werden Aromen und Farbe beeinflusst. Ich empfehle Ihnen, schon nach einigen Stunden zum ersten Mal zu verkosten und ebenso den weiteren Verlauf zu kontrollieren. Sobald Ihnen die Aromen ausreichend intensiv erscheinen, filtern Sie den Alkohol mit einem Falten- oder Kaffeefilter ab und stellen ihn beiseite.

Bleiben Sie auch beim Mazerieren vorsichtig. Es ist immer möglich, später noch einzelne Aromen dazuzugeben und deren Eindruck zu intensivieren, dagegen ist es schwierig, „falsche“ oder zu kräftige Aromen wieder zu entfernen. Dazu aber mehr im Abschnitt „Und wenn nicht“.

Mit fertigen Aromen

Die fertigen Ginaromen führen uns schnell zu einem annehmbaren Gin. Letztendlich werden kommerzielle Ginsorten oftmals ähnlich hergestellt und abgefüllt. Es ist keine Schande, privat, sicher und im völlig legalen Rahmen in die Trickkiste der Industrie zu greifen. Die fertigen Sorten sind professionell abgeschmeckt, werden vor allem in Skandinavien tausendfach verkauft und finden schon seit Jahrzehnten Ihre Fans.

Aber wie mischt man den eigenen Gin am besten? Idealerweise befolgen wir die Hinweise auf den Etiketten, weil diese kurze Anleitung genau zu dem vom Hersteller angedachten Aroma führt. Die kleinen Fläschchen sind meistens zum Mischen mit 0,75 l eines 40%igen Wodkas ausgelegt. Ein kleines Problem dabei ist, dass eine gekaufte Flasche Wodka oder Korn meist nur 0,7 l enthält. Das Aroma wird entsprechend kräftiger, wenn Sie die gesamte Essenz dazugeben. Sie dürfen das gern probieren, es schmeckt manchmal sehr lecker, wenn die Mischung etwas kräftiger wird. Um wirklich den vom Hersteller harmonisch abgestimmten Gin zu erhalten, sollten Sie die angegebenen Zutaten und Mengen beibehalten.

Empfehlung zum perfekten Mischen: Ich empfehle, eine Literflasche mit Schraubverschluss, einen kleinen Glas- oder Kupfertrichter und einen 40%igen Wodka oder, noch besser, höherprozentigen Neutralalkohol in ausreichender Menge bereitzuhalten.

Eingangs hatte ich erklärt, ein Korn würde als Grundlage gut funktionieren, und auf den feinen Getreideeigengeschmack verwiesen. Sie können leckere Ginspirituosen mit Korn herstellen, werden aber eine leicht abweichende Geschmacksnote erzielen. Wodka wird in der Regel, je nach Marke, deutlich höherprozentig, teilweise mehrfach hintereinander, destilliert und abschließend filtriert und hält sich deshalb mit den ursprünglichen Kartoffel- oder Getreidearomen zurück. Die Aromen im Wodka werden sozusagen weggebrannt. Erlaubt ist, was Ihnen schmeckt. Nur darauf kommt es wirklich an.

Korn bleibt die „unkomplizierte" deutsche Variante mit etwas ursprünglicherem Aroma und einem leider niedrigeren Alkoholgehalt. Unser Doppelkorn kommt mit 38 % und liegt somit zwei ganze Volumenprozente unter den „perfekten" 40 Vol.-%, die wir beim Wodka finden und zumeist in der Originalrezeptur benutzen sollen.

Merke: Möchten Sie die 0,75 l des Originalrezeptes exakt beibehalten, so brauchen Sie zwei Flaschen!

Eine weitere Methode, um an 0,75 l Alkohol zu gelangen, wäre es, einen höherprozentigen Neutralalkohol mit destilliertem Wasser auf die optimalen 40 % herabzumischen. Ich empfehle, exakte Messinstrumente zu verwenden oder die benötigten Mengen auszurechnen, in der Flasche zusammenzumischen und den Alkoholgehalt am Ende mit einem Alkoholmeter zu prüfen.

Falls Ihr Trichter genau auf der Flasche aufsitzt, so heben Sie ihn beim Einfüllen ein wenig an, damit Wasser und Alkohol schneller einlaufen und die Luft entweichen kann.

Letztendlich kommt es nur darauf an, 0,75 l vom 40%igen in der Literflasche zu erhalten, denn diese bietet ausreichend Volumen, um die 0,02 l der Ginaromaessenz zusätzlich aufzunehmen. Es ist kein Hexenwerk. Mischen Sie, verschütteln Sie die Zutaten in der Flasche kräftig und lassen Sie alles ein paar Tage stehen, damit sich die Aromamoleküle komplett mit dem Alkohol verbinden können. Füllen Sie in Schmuckflaschen um und etikettieren Sie. Sollte etwas übrig bleiben, weil Sie eine 0,7-Liter-Flasche nutzen, dann wäre jetzt der perfekte Moment zum Verkosten.

Mein Tipp: Wenn Sie Ihre Lieblingsessenz schon entdeckt haben, dann wird es einfacher, gleich größere Mengen, beispielsweise in einem Fünf-Liter-Glasballon mit Ablauf, anzumischen und abzufüllen.

Wie jeder Gin, so verliert auch der durch Aromen hergestellte im Laufe der Zeit sein Aroma. Ein Gin ist ein Geist und als solcher nicht unbegrenzt mit vollem Aroma haltbar. Öffnen Sie immer nur eine Flasche, und lagern Sie Vorräte am besten kühl und dunkel, bevor Sie die nächste Flasche öffnen.

Alkoholfrei?

Wir benutzen die Essenzen auch gern ohne Alkohol als sommerliche Erfrischungsgetränke. Ist Ihnen Wasser zu langweilig und Cola oder Limo zu süß? Dann geht es Ihnen wie uns. Wir lieben sommerliche, eher herbe Erfrischungsgetränke und mischen uns diese mit Tonicwater, Zitronensaft, Hydrolaten und Aromaessenzen spontan zusammen.

Natürlich lassen sich die Essenzen auch direkt mit Zitrone, Tonic und Alkohol ins Glas mischen.

DRY GIN

Wir wissen mittlerweile alles über den „Dry Gin“ und seine Besonderheiten. Er muss zwingend destilliert werden, darf aber nachträglich mit weiteren Zutaten natürlichen Ursprunges veredelt werden. So weit, so gut, aber ...

An diesem Vorher-nachher-Bild kann man sehr schön den Unterschied zwischen angesetzt und destilliert sehen: Die gelbe Gewürzbrühe wird durch die Destillation zum klaren Gin.

... Ist das erlaubt?

Wir stoßen leider an die eng gesteckten Grenzen der Legalität, wenn wir einen „Dry Gin“ zu Hause destillieren möchten. Nur in Österreich dürfen Sie einen „Dry Gin“ mit zugekauftem, versteuerten Alkohol und den Botanicals Ihrer Wahl brennen und anschließend weiter veredeln. Deutsche und Schweizer müssen leider speziellere Lösungen finden. Drei davon will ich Ihnen gern vorstellen.

Legale Tricks

Zuerst muss ich Sie enttäuschen: Schweizer und Deutsche haben das Nachsehen. Eine Möglichkeit wäre es, mit den zu Hause angesetzten Mazeraten oder unserer Sammlung an Botanicals nach Österreich zu verreisen und dort zu brennen. Im Urlaub. Traurig, aber wahr. Das wäre die einzige legale Lösung, wenn Sie einen ehrlichen „London Dry" in einem einzigen Durchgang brennen wollen.

Beim „Dry Gin" ohne den Zusatz „London" erlauben wir uns, die Gesetze etwas zu „biegen" und die Grenzen zu verschieben. Hier können und dürfen wir glücklicherweise ein klein wenig tricksen, ohne gleich die Gesetze zu überschreiten.

Ein „Dry Gin" darf nach der Destillation im Aroma verändert werden! Es ist demnach nicht die schlechteste Idee, sich einen einfachen Standardgin günstig zu besorgen und zu veredeln. Dank der halbwegs niedrigen Alkoholsteuer im deutschsprachigen Raum ist Gin nicht teurer als Korn oder Wodka. Wir können Gin anstelle der zuvor genannten neutralen Alkoholsorten als Grundlage für unsere Eigenkreationen verwenden, an seinem Aroma tüfteln und ihn nach Belieben überarbeiten und verbessern.

Ein gekaufter Gin sollte typische Eigenschaften mitbringen und harmonisch verbinden. Die Grundwürze aus Wacholder, Koriander, Angelica etc. ist bereits enthalten. Wir dürfen mit dem einen oder anderen Tröpfchen vom Hydrolat oder ätherischen Öl ebenso wie mit der Zugabe einzelner Botanicals spielen und das Bukett nach Gusto verändern. Diese Methode ist legal, weil wir nicht selbst mit Alkohol destillieren. Wir veredeln einen einfachen Mainstreamgin liebevoll mit eigenen Gewürzen. Eine Spielerei, aber nicht die allerschlechteste.

Eine weitere Möglichkeit habe ich in den Kapiteln zuvor bereits angedeutet. Wir können alle Botanicals in einem Batch mit Wasser destillieren, danach mit hochprozentigem Alkohol veredeln und weitere Zutaten zugeben. Im eng gesteckten Rahmen zwischen dem Alkoholsteuergesetz und den Vorschriften zur Ginherstellung sollte das als authentischer „Dry Gin" durchgehen, auch wenn die eigentliche Destillation der Botanicals mit Wasser erfolgt und wir den Alkohol erst im zweiten Schritt zur erlaubten Verfeinerung des Aromas zugeben. Wie gesagt, es ist erlaubt, bei einem „Dry Gin" nachträglich natürliche Zutaten beizumischen, um ihn weiter zu veredeln. Zu diesen Zutaten müsste auch der Alkohol zählen.

Destillieren, experimentieren und verkosten vor dem Wohnwagen. Ein großer Spaß!

LONDON DRY GIN

Was zeichnet den „London Dry Gin" eigentlich aus? Glücklicherweise ist es nicht wie beim „Plymouth Gin" die regionale Herkunft, sonst müssten wir in London brennen, so wie der „Plymouth Gin" in Plymouth gebrannt werden muss.

Wir wissen es, ein echter „London Dry" muss in einem Durchgang destilliert werden. Sonst nichts. Im Gegensatz zum „Dry Gin" darf nicht zusätzlich mit anderen Methoden aromatisiert werden.

Der „London Dry" ist die erhabene Oberklasse unter den Ginsorten. Viele mögen denken, er wäre am schwierigsten herzustellen, was aber genau genommen nicht stimmt. Es ist zwar eine besondere Kunst, ein ausgewogenes, wirklich köstliches Produkt zu erzeugen, genauso schwierig wäre es aber auch, ihn komplett zu „versauen".

Die Destillation wirkt auf ein zuvor würziges Mazerat mit starken Nebenaromen wie eine innere Reinigung und verfeinert ungemein. Fast könnte man meinen, es wäre egal, was man vorher zusammenmischt – nach der Destillation ist es immer wesentlich feiner im Aroma und gut genießbar.

Das Destillierlabor der Brennerei „AltEnderle". Hier werden neue Rezepte entwickelt.

Nur durch die Destille!

Aufgrund der Gesetzeslage müssen wir unseren Enthusiasmus hier leider bremsen, wenigstens dann, wenn wir uns nicht in Österreich befinden. Ein echter „London Dry" muss durch die Destille, und er muss auf Anhieb in einem Durchlauf gebrannt werden. Da gibt es kein Wenn und Aber. Falls Ihnen bei der Mischung, beim Ansetzen oder der Qualität Ihrer Botanicals ein Fehler unterläuft, dann wird er nicht schmecken, jedenfalls nicht so, wie er schmecken soll.

Je kleiner die Destille ist, mit der Sie arbeiten, umso schwieriger wird es, ein Rezept exakt zu reproduzieren. Das gilt vor allem dann, wenn Sie hochprozentigen Alkohol durch die Botanicals im Dampfraum der Destille jagen. Die Mischung könnte im Mengenverhältnis der einzelnen Botanicals untereinander schwanken.

Es empfiehlt sich, bei kleinen Destillen tatsächlich die Botanicals exakt zu wiegen oder zu zählen, um eine identische Mischung zu erhalten. Wenn Sie eine fertige Mischung kaufen oder selbst größere Mengen mischen und damit Ihre kleine Destille befüllen, dann werden die Botanicals zufällig in verschiedenen Mengen im Dampfraum landen. Leichtere Botanicals setzen sich nach oben ab, schwerere wandern nach unten, seltene können zufällig gar nicht oder doppelt in der Destille landen.

Sie dürfen für den „London Dry" die Botanicals vorher ansetzen, was es einfacher macht, exakte Mengen abzuwiegen, vorab zu verkosten und aus dem Brennkessel heraus zu destillieren. Beide Methoden, also die Destillation durch die Botanicals hindurch ebenso wie die Destillation der zuvor angesetzten oder mazerierten Botanicals, sind in Österreich erlaubt. Auch die Mischung der beiden. Sie können die „tieferen Töne" der Aromen – Holziges, Wurzeliges, Erdiges – vorher ansetzen und intensivieren, einzelne Botanicals länger mazerieren, andere erst viel später zugeben und obendrein Zitroniges oder Frisches in der Kolonne oder im Aromakorb mit der Mischung aus dem Kessel durchdampfen. Das alles ist erlaubt, muss aber in einem Durchgang geschehen.

Sehen Sie, welcher Spielraum allein hier schon bleibt, um unterschiedliche Aromen und Noten zu erzeugen? Keine Angst, das meiste gehört in den Bereich Storytelling, und die meisten Brennereien mischen einfach vorher ihre Botanicals zusammen, lassen sie ein paar Tage lang im 60%igen mazerieren und destillieren dann routiniert aus dem Kessel. Auch die Destillation eines „London Dry" ist kein Hexenwerk.

Destillation mit der Zwei-Liter-Kolonnenbrennerei in der Scheune.

OLD TOM GIN

Der „Old Tom" ist aus der Mode gekommen und spielt im Getränkeregal zumeist eine eher untergeordnete Rolle. Dennoch bleibt er eine wichtige Zutat für allerlei Cocktails, wie z. B. den „Tom Collins", der den „Old Tom" schon im Namen trägt. Aber was macht den Unterschied?

Mit Zucker

Der „alte Tom" unterscheidet sich durch die Zugabe von Zucker! Generell können Sie jeden beliebigen Gin verwenden und Invertzucker einrühren. Das ist das ganze „Geheimnis". Aber, wichtig: Ein „Old Tom" soll nicht wirklich süß schmecken, der Zucker soll harmonisieren und das Getränk gefälliger wirken lassen.

Ein „Old Tom" ist einfach hergestellt, wenn Sie bereits einen „Dry Gin" und den Invertzucker fabriziert haben. Rühren Sie einfach etwas Zucker dazu, nicht zu viel, er soll nicht wirklich süß werden, aber dennoch spürbar. Der Zuckergehalt ist nirgendwo festgelegt, der Alkoholgehalt muss auch nach der Zuckerzugabe immer noch über 37,5 Vol.-% liegen. Es soll ein Gin bleiben und sich nicht in einen pappigen Likör verwandeln.

Wie Sie Invertzucker selbst herstellen können, habe ich am Anfang des Buches beschrieben. Kristallzucker löst sich nicht in Alkohol und führt zu muffigen Aromen.

Wir verwenden einfach einen unsere Lieblingsgins. Durch den Zucker wird der „Old Tom“ mild und harmonisch, was in Anbetracht der zweiten Hauptzutat bei dem beliebten sauren Longdrink „Tom Collins“ auch wünschenswert sein könnte. Hier das Rezept:

Tom Collins

2 Teile Zitronensaft, 3 Teile „Old Tom Gin“ und 1 Teil Zuckersirup in ein Longdrinkglas geben, verrühren und mit Sodawasser aufspritzen.

Ein feiner Genuss an warmen Tagen: der „Tom Collins“.

SLOE UND ANDERE FRUCHTGINS

Der „Sloe Gin“ ist die weithin bekannteste Fruchtvariante und kinderleicht herzustellen. Alles, was wir benötigen, sind ein ausreichend hochprozentiger Gin, Invertzuckersirup und Fruchtsaft. Es gibt wenig zu beachten, allerdings müssen wir darauf schauen, dass wir hochprozentig genug bleiben, damit es nicht am Ende doch noch ein Likör wird.

Mit dem Alkoholmeter können wir den Alkoholgehalt aufgrund der Zugabe von Zucker nicht mehr messen, sodass uns nichts anderes übrig bleibt, als das Volumen von Gin, Saft und Zucker zu messen und den Alkoholgehalt auszurechnen. Oder Sie machen es so wie ich, dass es Ihnen mehr oder weniger egal ist und Sie nach Gefühl und Geschmack zusammenmischen, was zusammengehört.

Erlaubt ist, was gefällt: Die Fruchtgins dürfen mit Zucker, Saft und Farbe überarbeitet werden.

Die schnelle Variante zum „Cherry Gin“.

Mit dem Saft (oder Sirup) wird der Gin fruchtig, und der Zucker verhilft zur richtigen Süße, wie wir sie von den „bunten“ Fruchtginsorten erwarten und kennen. Sie dürfen hier nach Herzenslust experimentieren. Ich empfehle, einen kleinen Trichter zu verwenden und einfach alle Zutaten in einer ausreichend dimensionierten Flasche kräftig miteinander zu verschütteln.

Bei mir zu Hause nutze ich die Möglichkeiten der Fruchtginsorten sozusagen zur „Resteverwertung“. Falls etwas Saft übrig bleibt, wie beispielsweise beim nächsten Bild mit den Sauerkirschen, dann greife ich kurz ins Regal mit den Flaschen, hole einen Gin hervor, mische Zuckersirup dazu und zaubere ein schnelles Getränk, welches wir dann beispielsweise nach einem opulenten Essen als Nachspeise wie einen Dessertwein genießen oder über Vanilleeis gießen.

Es ist ein bisschen wie Zauberei, denn irgendwie schmeckt es immer, obwohl ich als alkoholische Grundlage meist die eher misslungenen Gins meiner Sammlung verwende. Dank der Zugabe von Saft und Zucker treten die kleinen Fehler nämlich nicht mehr besonders stark hervor. Auch ein „schlechter“ Gin wird noch in kleinen Häppchen genießbar. Je nach Menge spritte ich manchmal auch noch mit 96%igem auf, damit es hochprozentig genug bleibt, was letztendlich das ursprüngliche Aroma des zugegebenen Gins weiter verdünnt.

„ALKOHOLFREIER GIN“?

Gin ohne Alkohol? Das ist ein großartiges Thema – und leider nicht ganz ehrlich. Genau genommen gehört es nicht einmal in dieses Buch, denn ein echter Gin muss laut Alkoholverordnung einen Mindestalkoholgehalt von 37,5 % aufweisen. Das tut unser alkoholfreies Getränk natürlich nicht und darf deswegen rein rechtlich auch nicht Gin genannt werden. Auch nicht „alkoholfreier Gin“.

Ohne Alkohol gibt das keinen Gin? Egal, wir mögen es trotzdem.

Aber …

… wir hatten uns schon früh darauf geeinigt: Privat ist erlaubt, was gefällt, und ich habe wirklich gute Nachrichten für Sie. Wenn Sie Gin wegen der enthaltenen Aromen und herben Noten lieben, dann werden Sie sicher auch Spaß an den alkoholfreien Varianten finden. Das ist vor allem im Sommer ungemein erfrischend, gesund, tatsächlich lecker sowie zu 100 % erlaubt.

Alkoholfreie Tage

Ich möchte nicht alkoholabhängig werden, bin mir aber durchaus bewusst, dass ich mit meinem stattlichen und regelmäßigen Alkoholkonsum als Gewohnheitstrinker[11] durchaus in eine Hochrisikogruppe gehöre. Recherchiert man die tatsächlichen Gefahren und ärztlichen Hinweise, dann landet man bei sehr niedrigen Trinkempfehlungen, die ich zeitweise deutlich überschreite. Das empfohlene Glas Wein alle zwei oder drei Tage ist nicht genug. Ich kann beim besten Willen ein Glas nicht über den gesamten Abend aufsparen oder verteilen. Es wird eine Flasche. Oder zwei.

Ich kenne Ihre Trinkgewohnheiten nicht und will Ihnen an dieser Stelle auch nicht zu nahe treten, deswegen spreche ich von mir. Einmal im Jahr „gönne" ich mir eine Alkoholpause von mindestens drei oder vier Wochen. So lange braucht der Körper, um „entgiftet" zu sein. Ich bin ehrlich zu mir selbst und achte auf die Signale meines Körpers. Tatsächlich geht es mir nach einigen Tagen ohne Alkohol insgesamt besser. Der innere Schweinehund wird leiser, ich bewege mich mehr, werde fast schon sportlich. Ich kann klarer denken, kreativer arbeiten und besser artikulieren. Erschreckend daran ist eigentlich nur die Erkenntnis, dass ich mich

Auch alkoholfrei lecker: Tonic mit Zitrone und verschiedenen Hydrolaten gemischt. Eine Welt für sich.

dennoch darauf freue, mit dem „Fasten" zu brechen und wieder in alte Gewohnheiten zurückzufallen.

Seit einigen Jahren kenne ich Studien, die besagen, dass man sich auch durch zwei alkoholfreie Tage pro Woche schützen kann. Das halten wir ein. Meistens. Mit dem Sonntag starten wir in eine alkoholfreie Phase, die zwei, manchmal auch drei oder vier Tage lang anhält.

Klingt das für Sie spaßbefreit oder spießig? Ich verrate Ihnen etwas. Ich bin ein Genuss- und Belohnungstrinker. Ich trinke Alkohol, weil ich nicht wüsste, was ich sonst abends trinken sollte. Nach getaner Arbeit möchte ich mich zurücklehnen und mit einem außergewöhnlichen Getränk entspannen. Im Garten, im Urlaub oder beim Fernsehen. Das ist egal.

11 Als Händler von Destillieranlagen muss ich ja auch beruflich trinken.

Mein Problem: Ich mag keine zuckrigen Limonaden, kann mich mit Säften nicht wirklich anfreunden, vertrage keine Smoothies, werde nicht wirklich glücklich mit Tee und langweile mich bei Wasser. In den meisten Fällen fehlt mir der Genuss. Mich verlangt es nach außergewöhnlichen Aromen. Nach bitter, würzig oder scharf.

Natürlich ist ein Traubensaft auf Eis oder ein Cocktail mit Orangen- und Ananassaft auch lecker. Irgendwie. Oder ein Eistee aus frischer Minze. Ein Tomatensaft mit Tabasco, Pfeffer und Salz, aber es fehlt etwas ...

Haben Sie schon mal einen alkoholfreien Wein versucht? Das schmeckt nicht. Es fällt mir schwer, mich für alkoholfreies Bier zu begeistern. Ich versuche es immer wieder und habe noch keine Sorte für mich gefunden.

Aber ich kann ja destillieren!

Mich begeistern die Möglichkeiten zur Herstellung alkoholfreier Getränke mit der Destille seit vielen Jahren. Die meisten Hydrolate sind überaus schmackhaft und lassen sich deliziös zusammenmischen. Sie wissen, wie es geht. Probieren Sie es aus. Es geht auch ohne Alkohol.

Genau genommen sind das Destillieren und die Herstellung von leckeren Aromen kinderleicht. Meine Tochter kann es sogar schon aufmalen.

GENIESSEN

Als Genusstrinker mag ich es, zuerst die Flasche vor mich zu stellen und eine Weile auf mich wirken zu lassen. Ich schiebe das eigentliche Trinken auf. Irgendwann öffne ich sie und schnuppere den Duft. Ich freue mich über die mit der Flasche verbundene Erinnerung ebenso wie auf den bevorstehenden Genuss beim Trinken. Das zeitverzögerte Trinken lernt man auch ein wenig beim Rotwein. Er muss atmen, dann schmeckt er besser.

PUR GENIESSEN

Manche Ginsorten bieten sich dafür an, sie pur zu verkosten. Vor allem, wenn Sie mit außergewöhnlichem Aroma winken, wäre es doch schade, sie mit einem anderen Aroma zu übertönen. Die optimale Temperatur für einen Gin ist übrigens eher kalt, deutlich unter Zimmertemperatur, aber keinesfalls eisig. Die Aromen müssen sich entfalten können. Kälte unterdrückt das.

Ich gebe zumeist etwas kaltes Wasser oder etwas Eis dazu. Und verkoste in verschiedenen Abständen, also in unterschiedlichen „Verwässerungszuständen" und Temperaturbereichen. Irgendwo dazwischen liegt dann der für mich höchste Genuss. Da ist jeder Mensch anders ...

Ein harmonischer Genuss: leckeres Essen in Kombination mit feinen Getränken.

IM MISCHGETRÄNK GENIESSEN

Da gehört er eigentlich hin, der Gin. Ins Mischgetränk, in einen Cocktail. Für mich am liebsten im Sommer, vermutlich wegen der größeren Menge an Flüssigkeit, dem mehr an Eis und der kindlichen Freude, am (Glas-)Strohhalm schlürfen zu dürfen.

Ich liebe den „Negroni", mag Gin Tonic, verehre den „Basil Smash" und freue mich über einfache Sours wie den „Gin Fizz" ebenso wie über den spätabendlichen „Dry Martini". Alles edle Getränke, die mit einem guten Gin perfekt gelingen – aber je nach Tagesform auch einen weniger guten vertragen.

Gin Tonic: Auch hier gibt es viel zu entdecken.

Mir läuft das Wasser im Munde zusammen bei dem Gedanken an einen guten Cocktail. Eine Frage bleibt offen: Was tun wir, wenn unser Gin uns nicht gelungen ist?

WAS TUN, WENN ES NICHT MUNDET?

„Schmeckt nicht gibt es nicht!", könnte man fast sagen. Mit genug Tonic, Zucker oder anderen Zutaten gemischt schmeckt es immer. Irgendwie. Könnte man sagen ...

Leider stimmt es nicht. Vor allem bei angesetzten Mischungen landet man leicht bei viel zu starken oder möglicherweise unangenehmen oder seltsamen Aromen. Diese könnten wir mit ausreichend Bitter, Süß, Sauer oder Würzig möglicherweise übertönen, wirklich lecker ist das trotzdem nicht. Was können wir sonst tun, um Aromen „zurückzusetzen"?

Destillieren

Die beste Methode wäre das Destillieren. Solange Sie nicht wirklich extreme Fehlmischungen fabriziert haben, können Sie ein zu stark angesetztes Mazerat einfach „normal" destillieren. Mit hoher Wahrscheinlichkeit erhalten Sie ein wesentlich harmonischeres und milderes Ergebnis: einen „Distilled Gin".

Die Destille, leider nicht überall zur Alkoholdestillation erlaubt.

Falls der Gin auch „gebrannt" noch nicht munden möchte, bleibt die Möglichkeit, ihn neutral auszudestillieren. Je hochprozentiger Sie destillieren, umso mehr Aromen bleiben letztendlich im Kessel zurück. Erinnern wir uns an den Anfang: Ein 96%iger Alkohol ist ein Neutralalkohol. Da schmeckt nichts mehr. Sie können Ihre Destille mit sogenannten Raschigringen befüllen, um es den einzelnen Aromamolekülen zu erschweren, ihren Weg bis in den Kühler zu finden. Nur der feinste reine Alkohol kann sich durch die Hindernisse in der Kolonne „durchkämpfen" und landet am Ende mit über 90 %, nahezu rein, in unserer Vorlage.

Man könnte es Recycling nennen, denn auf die gleiche Methode ist es möglich, jeden Alkohol in einen klaren und neutralen Alkohol zu verwandeln. Auch die Reste unserer Hausbar oder abgestandenes Bier. Leider kommen wir spätestens hier wieder mit dem Gesetz in Konflikt: Wir dürfen in Deutschland und in der Schweiz überhaupt keinen Alkohol brennen und in Österreich nur versteuerten Alkohol als Grundlage für eigene Geiste destillieren. Sobald wir den Alkohol aus einem Bier, Wein oder gar einer selbst angesetzten Maische herausziehen, begeben wir uns in den verbotenen Bereich der Schwarzbrenner.

Wir brauchen eine bessere Lösung!

Verdünnen

Ist Ihr Aroma nur zu kräftig und nicht wirklich unangenehm oder fehlerbelastet, dann verdünnen Sie einfach mit neutralem Alkohol. Im schlimmsten Fall so weit, bis nichts mehr vom ursprünglichen Aroma übrig bleibt. Ihr ursprünglicher Gin ist dann nur noch in homöopathischer Dosierung enthalten und kann als Basis für neue Experimente noch gute Dienste leisten. Eine teure

An meiner „Außenbar" sammeln sich die weniger Geliebten und warten auf eine sinnvolle Verwendung.

Methode, bei der aber letztendlich nichts verloren geht.

Alternativ können Sie Ihren Fehlgin auch als „spezielles" Basisaroma behalten und nach und nach in unauffälligen Mengen bei Ihren neuen Ginsorten mit dazu geben.

Kühlen

Bei leichten Fehlnoten genügt es, den Gin einfach extrem kalt zu servieren und schnell zu trinken. Als Partydrink vielleicht. Ex und hopp. Die Kälte verhindert, dass sich die Aromen voll ausbreiten können. Es landen weniger Duftmoleküle in unserer Nase, und ein Teil der Geschmacksknospen wird betäubt. Wir schmecken weniger. Nicht der Königsweg, aber durchaus eine Möglichkeit, um das Aroma in seiner Gesamtheit zu reduzieren.

Filtrieren

Das einfache Abgießen durch einen Kaffee- oder Faltenfilter nimmt vor allem optische Fehler, Trübungen oder Partikel von frischen Pflanzen aus dem Gin und empfiehlt sich ohnehin bei vielen Spirituosen.

Im Profibereich kennen wir verschiedene Filtersysteme, in denen der Gin durch teilweise verschiedene Lagen aus Sand, Tongranulat oder Aktivkohle gedrückt wird. Eine prima Methode, um einen klaren Gin zu erhalten, und weil das Auge immer mittrinkt, hilft es, zumindest das Aussehen und damit subjektiv das Aroma zu verbessern. Je nach Füllung des Filters kann sogar noch einmal mit Aromen angereichert oder übertönt werden. Dann funktioniert der Filter wie ein nachträgliches Perkolieren.

Sauerstoff

Erscheint Ihnen Ihr Gin zu scharf? Schweflig? Nicht weich genug im Aroma? Bevor Sie einen Gin wirklich beurteilen, sollte er 14 Tage ruhen dürfen. Erst nach dieser Reifezeit konnten sich alle Aromamoleküle in der Flasche wirklich zu einer Einheit verbinden.

Auch Sauerstoff verhilft zu einem weicheren Aroma. In der Obstbrennerei wird manchmal Sauerstoff durch ein frisches Getränk gepumpt, um den Reifeprozess zu beschleunigen. Vor allem schweflige Nebenaromen können mit dieser Methode „ausgesprudelt" werden. In der Ginherstellung genügt es normalerweise, wenn wir den Gin mehrfach umschütten: beim Bemessen der Alkoholstärke, beim Herabsetzen und beim Umfüllen in Flaschen. Da ist er genug an der frischen Luft. Es kann aber durchaus helfen, gelegentlich die Flasche kräftig durchzuschütteln und kurz zu öffnen.

Aktivkohle

Die vorgenannten Methoden sind in Kombination gut geeignet, um Trübungen und Nebenaromen herauszufiltern, und führen zu einem klareren Gesamteindruck.

Im privaten Bereich bleibt uns ein einfacher Weg, alle Methoden zu kombinieren. Wir stellen den Alkohol kalt, geben etwa einen Teelöffel Aktivkohle je Flasche dazu, verschütteln das Ganze kräftig und lassen es eine Woche lang im Kühlschrank wirken. Idealerweise sollte die Flasche täglich kräftig verschüttelt werden.

Nach dieser Reifezeit filtrieren wir das möglichst kalte Getränk durch einen Faltenfilter und füllen direkt in Flaschen um, die wir erneut 14 Tage lang ruhen lassen. Mit hoher Wahrscheinlichkeit wird uns unser Gin harmonischer, weicher und entsprechend besser munden.

Fasslagerung in der dänischen Brennerei am Limfjord.

Lagerung in Holz

Einen Gin mit unangenehmen Aromen können wir durch das Lagern mit oder in Holz nicht verfeinern oder abmildern. Einen zunächst eher langweilig schmeckenden Gin können wir dagegen durch Holzaromen spannend verändern und aufbessern.

Wir kennen die holzigen Noten aus der Lagerung von Wein, Whisky, Brandy und Calvados. Zunehmend entdecken wir gelagerte Obstbrände wie Zwetschge oder Birne, und hin und wieder auch den einen oder anderen Gin. Warum auch nicht? Es spricht nichts dagegen, Gin durch Holz zu veredeln.

Holz finden wir nicht nur frisch und gelagert direkt in der Natur oder neben dem Hackklotz im Garten, wir können professionell geröstete Holzchips zur Getränkearomatisierung günstig im Fachhandel zukaufen. Die Auswahl ist groß und es genügt eine kleine Menge, etwa ein halber Teelöffel pro Flasche, um eine Spirituose nachhaltig zu verändern und zu färben. Die größte Schwierigkeit ist es, die Chips nicht zu lange im Getränk zu lassen, denn dann könnte es ein unangenehmes adstringierendes Aroma annehmen. Wir sollten jeden Tag mehrfach verkosten, bevor es zu holzig wird.

Erneut stehen wir vor einer unglaublichen Auswahl an zusätzlichen Aromen und Methoden, mit denen wir auf unser Getränk einwirken können. Es muss nicht einmal das typische helle Limousinholz oder die amerikanische Weißeiche sein. Probieren Sie das Kernholz eines Maulbeerbaumes, das harzige einer frisch geschlagenen Fichte oder eine Handvoll Walnussschalen. Da ist kein Ende abzusehen.

Im Zweifelsfall einfach entspannen und von Neuem versuchen: Keep calm and distill.

NACHWORT: DAS ENDE NAHT!

Ein Jahr später: Trotz der widrigen coronabedingten Umstände bin ich am Ende angelangt. Wie sagt man? Jedes Ende steht für einen neuen Anfang. Sie haben das Buch gelesen und sich vermutlich schon an so manches Experiment gewagt. Wird es vielleicht ein Anfang, ein neues Hobby, so wie bei mir? Oder sind Sie schon Profi und lesen nur aus Interesse, was zum Thema geschrieben wurde? So, wie ich gern Kochbücher lese? Vielleicht legen Sie das Buch auf die Seite und vergessen es? Oder es hat Ihnen gar nicht gefallen? Das wäre schade.

Mich würde interessieren, was Sie über das Buch denken. Konnten Sie weitere Methoden oder einzigartige Kombinationen entdecken? Vielleicht ist irgendetwas unklar, oder Sie haben einen Fehler entdeckt? Gern dürfen Sie mir schreiben. Meine Mailadresse ist *kai@destillatio.com*. Ich versuche, E-Mails halbwegs zeitnah zu beantworten. Wenn ich kann.

Ich wünsche Ihnen, dass Ihre eigenen Kreationen allesamt gelingen. Manchmal gehört auch Glück dazu. Spannend ist es immer, das haben Sie sicher schon bemerkt. Also: Viel Erfolg bei allen Ansätzen und Experimenten! Es mögen Ihnen alle Gins gelingen. Manchmal hilft es, einfach weiterzugehen, die Rezeptur ein klein wenig zu verändern, um die perfekte Harmonie zu erzeugen. Es ist noch kein Meister vom Himmel gefallen.

Unscheinbar und dennoch gelungen: mein „Gin 21“. Fast so lecker wie der „Klostermann Melissengin“.

DANKSAGUNG

In diesem Buch ist alles anders. Wer meine vorherigen Bücher kennt und frühere Danksagungen an meine Exfrau, Familie und Mitarbeiter gelesen hat, der wird sich vielleicht wundern. Es sind Jahre, ja Jahrzehnte vergangen, und die Personen, an die sich mein Dank heute richtet, sind teilweise völlig andere als damals.

Trotz allem, was passiert ist, möchte ich mich hier an erster Stelle bei meiner Exfrau Cosima dafür bedanken, dass Sie unsere langjährige, aber zuletzt „unglückliche" Beziehung 2014 beendete. Dadurch gab sie mir die Freiheit zurück, die es letztendlich erlaubte, zu meiner Kreativität, auch im Umgang mit der Destille, zurückzufinden. Rache ist süß wie ein „Old Tom Gin" ...

An ihrer Stelle darf ich mich bei meiner heutigen Gefährtin Karla bedanken. Danke dafür, dass du nicht nur all die vielen gekauften und selbst hergestellten Gins mit mir verkostest und beurteilst, sondern auch die kleinen, aber zeitraubenden Besorgungen übernimmst, während ich in meinem Podcast- und Schreibkämmerchen versuche, all die Eindrücke und Möglichkeiten zum Destillieren und rund um den Gin in Wort und Schrift festzuhalten. Ohne dich hätte ich dieses Buch nicht schreiben können.

Sehr gern will ich mich bei meiner mittlerweile 80-jährigen Mama bedanken. Sie ist eine besondere Frau und überrascht mich heute noch mit neuen Informationen und Gewürzen. Sie hat schon in meiner Kindheit, für die damalige Zeit ungewohnt, mit allerlei leckeren Gerichten überwiegend südländischer oder orientalischer Herkunft experimentiert. Darüber hinaus erlaubte sie mir, selbst zu kochen, und weckte damit nicht nur meine kulinarische Lust, sondern auch das Talent, alles organisieren und auf den Punkt servieren zu können. Danke, Mama!

Ich sage: Wer kochen kann, der kann auch organisieren, und bedanke mich an dieser Stelle bei meinen tollen Kindern, die ein guter Beweis für diese Theorie geworden sind. Genießen können sie alle.

Ein weiterer Dank geht an den großartigen Religionslehrer meiner Berufsschule in Würzburg. Leider habe ich seinen Namen vergessen, aber er unterrichtete uns lieber in indischer Kochkunst und Tradition, als uns die Evangelien abzuverlangen. Ihm verdanke ich meinen frühen Kontakt mit völlig neuen Gaumenfreuden wie Teufelsdreck, Curcuma, Koriander, Kardamom und anderen spannenden Gewürzen, die damals in einer Stadt wie Würzburg kaum zu beschaffen waren.

Nicht zuletzt bin ich meinen großartigen Mitarbeitern zu Dank verpflichtet, halten sie mir doch in der Firma den Rücken frei. Ich weiß, dass ich mich auf sie verlassen kann, dass sie mich vor Ort im Büro, im Verkaufsladen, im Lager oder bei den Destilliervorführungen hervorragend ersetzen und etliche Dinge besser machen. Ohne diese fantastische Zusammenarbeit könnte ich mir kaum Zeit für meine Experimente und Recherchen nehmen. Vielen Dank!

An vorletzter Stelle bleibt noch ein Dankeschön für meine Ansprechpartner im Leopold Stocker Verlag. Die „Story" dazu habe ich bereits im Vorwort erwähnt, und so bedanke ich mich hier nur noch ganz kurz für die Geduld und das Vertrauen, welches sie in mich gesetzt haben. Ich denke, es ist ein gutes Buch geworden, und hoffe, dass es nicht allzu viel Arbeit für das Lektorat verursacht.

Und nun, meine lieben Leser, möchte ich mich noch ganz herzlich bei Ihnen bedanken. Immerhin haben Sie „durchgehalten" und offensichtlich das Buch bis zur Danksagung gelesen. Für Sie habe ich es geschrieben, und ich hoffe sehr, dass ich Ihre Erwartungen erfüllen konnte. Vielen Dank, und viel Spaß bei allen Experimenten!

Ihr Kai Möller

Vielen Dank für Ihr Interesse und viel Spaß bei allen Experimenten!

ADRESSEN

Arche Noah
Seltenes Saatgut und besondere Pflanzen aus dem unterstützenswerten Projekt „Arche Noah“ in Österreich.
arche-noah.at

Stefan Bierbaum
Herr Bierbaum ist Destillateurmeister und täglich damit beschäftigt, Aromen für eigene Ginkreationen zu entwickeln. Er gibt spezielle Ginseminare für Interessierte und Hobbybrenner und steht gern bei der Entwicklung von „perfekten“ Kombinationen an Ihrer Seite.
der-destillateur.de

Brennerei-Wissen
Zusammen wissen wir mehr. Eine Sammlung interessanter Hinweise und Tipps mit Alkoholrechner und mehr.
brennerei-wissen.de

Dehner-Blumenpark
Man ahnt es kaum, aber in Rain bei Donauwörth betreibt die Gartenmarktkette Dehner ein wundervolles Blumenparadies mit allerlei wundervoll arrangierten Pflanzen. Ein schönes Ausflugsziel mit einer großen Auswahl an frischen Kräutern und Pflanzen im Gartenmarkt nebenan.
dehner.de/blumenpark

Noch ein Bild aus dem „Destillatio“-Ginseminar mit Stefan Bierbaum.

Live-Destillation: jeden Freitag ab 14 Uhr bei „Destillatio“ in der Rhön.

Destillatio
„Destillatio" bietet die größte Auswahl an Destillieranlagen und Messinstrumenten für den Hobbybereich und die gewerbliche „Small-Batch"-Destillation sowie allerlei weiteres Zubehör vom Alkoholmeter bis hin zu den Botanicals.
destillatio.com

Flora Incognita
Ein großartiges wissenschaftliches Projekt zur Pflanzenbestimmung durch künstliche Intelligenz. Am besten laden Sie die App direkt auf Ihr Handy und registrieren sich. Sie ist leicht zu verstehen; es genügt meistens schon, ein einziges Foto der Blüte zu machen, um die Pflanze sicher zu identifizieren. Das Projekt lebt von den Bildern und Beobachtungen der Community, deswegen ist es sinnvoll, die eigenen Funde über seinen Account zu melden. Man muss sich nicht registrieren, aber die Bestimmungen, Vergleichsdaten und Fundorte werden dadurch immer genauer und besser.
floraincognita.com

Staudengärtnerei Gaissmayer
Eine wunderschöne Gärtnerei mit allerlei Raritäten und Besonderheiten. Ein Besuch vor Ort lohnt sich, auch wegen des direkt angrenzenden Museums der Gartenkultur.
gaissmayer.de

Holzeis
Österreicher werden bei „Holzeis" fündig. Es stehen diverse Alkoholmeter und Hobbybrennereien sowie Messgeräte und verschiedene Zubehörteile zur Auswahl.
holzeis.com

Maienfelser Naturkosmetik
Die vermutlich beste Auswahl an Hydrolaten und ätherischen Ölen weit und breit. Hier kaufen wir gern ein.
maienfelser-naturkosmetik.de

Primavera
„Primavera" bietet eine stattliche Auswahl an Hydrolaten und ätherischen Ölen in bester Bio-Qualität.
primaveralife.com

Rhöner KräuterWerk
„Fluidi" ist der kleine Glasperkolator, den ich für meine Alkoholperkolate zu Hause benutze. Sie bekommen ihn bei Frau Barbara Kircher-Storch vom „Rhöner KräuterWerk".
rhoener-kraeuterwerk-hydrolati.de/fluidi-percolator

Gärtnerei Rühlemann's
Deutschlands einzige Versand-Kräutergärtnerei bietet eine große Auswahl an seltenen und außergewöhnlichen Pflanzen an.
kraeuter-und-duftpflanzen.de

Taoasis Naturduftmanufaktur
„Taoasis" in Detmold bietet unter dem Label „Baldini" eine breite Auswahl an ätherischen Ölen in Bio-Qualität speziell für den Lebensmittelbereich an.
taoasis.com

Wild Natural Spirit
Evelyn Rosenfeld destilliert eine Reihe eigener Hydrolate in Bio-Qualität und bietet diese komplett mit den enthaltenen ätherischen Ölen zum Verkauf an.
wild-natural-spirit.org

LITERATUR & FACHWISSEN

Alois u. David Gölles: Gin, Bitter, Wermut. Botanicals, Herstellung, Genuss, Graz u. Stuttgart 2018.

Aaron Knoll: Gin. The Art and Craft of the Artisan Revival in 300 Distillations, London 2015.
Erich Kolb (Hg.): Spirituosen-Technologie, 6. Aufl., Hamburg 2002.

Bill Owens, Alan Dikty u. Andrew Faulkner (Hg.): The Art of Distilling. An Enthusiast's Guide to the Artisan Distilling of Whiskey, Vodka, Gin, and Other Potent Potables, durchges. u. akt. Aufl., Beverly 2019.

C. von Rechenberg: Theorie der Gewinnung und Trennung der ätherischen Öle durch Destillation. Grundzüge einer allgemeinen Destillationslehre, Miltitz 1910.

Amy Stewart: The Drunken Botanist. The Plants That Create the World's Great Drinks, Chapel Hill 2013.

Hermann Wüstenfeld: Trinkbranntweine und Liköre. Ihre Herstellung, Untersuchung und Beschaffenheit, Berlin 1931.

Aus unserem Programm

ISBN 978-3-7020-1925-9

Leopold Stocker Verlag
Graz – Stuttgart
www.stocker-verlag.com

Aus unserem Programm

ISBN 978-3-7020-1556-5

ISBN 978-3-7020-1488-9

ISBN 978-3-7020-1810-8

ISBN 978-3-7020-1808-5

Leopold Stocker Verlag

Graz – Stuttgart

www.stocker-verlag.com